# LES LOIX
## PUISÉES
## CHEZ LES GRECS,
## DÉVELOPPÉES
## PAR LES ROMAINS;

Aujourd'hui la base du Droit Public & Civile des Nations policées.

---

TOME SECOND.

---

A PARIS;

Chez BABUTY, Fils, Quai des Augustins, à l'Etoile.

---

M. DCC. LXV.

*Avec Approbation & Privilége du Roi.*

# TABLE
## *DES NOMBRES*
## DE L'AVERTISSEMENT.

# AVERTISSEMENT

LA législation ancienne & moderne, attribuée aux Grecs & aux Romains, ne fut jamais leur ouvrage; elle a une origine plus noble & plus reculée : les Livres saints l'ont donnée aux hommes : les foibles étincelles de la Nature les auroient plutôt égarés, que conduits au terme qu'ils devoient envisager. Le germe de la raison qu'ils portent en eux

I. La véritable source de la législation des hommes, est venue des Juifs.

n'eût pas été fécondé par la chaleur de ſon flambeau; il ne les auroit ſeulement pas guidés dans les beſoins les plus preſſans.

II. Ce qu'étoient les premiers Peuples du monde.

L'hiſtoire a conſervé quelques traits des premieres peuplades du monde; il eſt aiſé d'y appercevoir l'écorce brute de l'humanité, telle que les habitans de l'Amérique l'ont offerte aux Européens; telle que les Sables brûlans de l'Afrique, la perpétuent encore entre les Négres & les animaux féroces, qui s'y dévorent mutuellement; telle enfin que les glaces du Nord, l'entretiennent dans ces Pays déserts & privés des douces influences de l'astre du jour.

III. Loi donnée à Moïse.

L'instinct humain ne pouvoit donc seul inviter à la société, ni la former ; il falloit une impression surnaturelle : Moïse l'a communiquée au Peuple, que Dieu s'étoit choisi ; & du Canton le plus resserré de l'Asie, la lumiere s'est répandue à toutes les parties du Monde, à mesure que ses rayons les ont éclairées, par les heureuses tentatives de la Navigation.

IV. L'Egypte & la Phénicie d'abord éclairées.

D'abord l'Egypte & la Phénicie ont été instruites: les Juifs, à la vérité, ne leur ouvrirent point le recueil que Moïse leur avoit laissé; l'idolâtrie devenoit un obstacle insurmontable; mais l'administration publique ne pouvoit être cachée: quoiqu'il fût défendu à la Nation sainte, de s'allier aux Nations profanes, le commerce qui n'étoit pas interdit, dévoila les maximes du Gouvernement dont elles profiterent.

Les préceptes fondamentaux de toute société

n'échapperent point à la curiosité des Philosophes Grecs, qui parcoururent les Côtes d'Asie, ou qui recueillirent les premiers Navigateurs dans leurs îles : l'hospitalité fut le lien qui rapprocha toujours les contrées les plus éloignées ; la méfiance naturelle entre étrangers s'éclipsa, aussi-tôt que les signes annoncerent qu'il n'étoit pas nécessaire de s'entendre pour contracter des liaisons, & s'aimer mutuellement.

V. La Grece ancienne.

Jusqu'alors la Grece fut l'amas informe de mortels,

dont l'entendement étoit si enveloppé, qu'ils ignoroient même d'où ils naissoient : persuadés que la terre qu'ils fouloient aux pieds les avoient engendrés, ils lui rendoient le culte qu'ils devoient à leur Créateur. Ces ténébres épaisses, au milieu desquelles ils croupissoient, faciliterent aux esprits moins hébêtés, la croyance de toutes les fables qu'ils inventerent ; ils s'étoient parés du titre imposant de Philosophes, & fascinant les yeux de la multitude imbécile ; ils mêlerent le récit de leurs voyages, aux leçons qu'ils avoient retenues de leur commerce momentané avec les Egyptiens.

Ils n'eurent garde d'en dévoiler le myſtere ; ils auroient bientôt perdu la ſupériorité qu'ils s'arrogeoient ; & ils n'auroient obtenu que le médiocre avantage d'être enſeignés les premiers; d'ailleurs il y auroit peut être eu trop d'uniformité dans leurs principes ; la Religion & la morale n'euſſent pas dépendu de leurs idées, ſouvent mal aſſurées : ils goutoient déja le plaiſir bien

VI. Les Philoſophes l'inſtruiſent

délicat d'être Chefs de Sectes, & de conduire à leur fantaisie, par l'attrait seul de la persuasion, des têtes mal organisées & susceptibles de toutes sortes de chimeres; illusion plus flateuse, que les biens qu'ils mepriserent toujours.

VII. Par des Fables sur la Divinité.

Ainsi, loin de présenter à leurs Patriotes les richesses qu'ils avoient rassemblées, & de leur découvrir la voie qui les leur avoient procurées (l'inspiration ou l'entousiasme n'auroient plus échauffé la confiance, ni augmenté leur gloire) ils aimerent mieux en faire honneur aux prétendues Divinités, que l'ignorance & la superstition avoient consacrées parmi eux.

VIII. Aveu par ces emblêmes de leur reconnoissance envers le Créateur.

Ils avouerent au moins, par cette démarche, que Dieu, Créateur des hommes, pouvoit seul les gouverner; & que la nature mobile, inférieure & agent subordonné, n'avoit aucune part au régime, qui devoit embrasser l'Univers; de maniere que la fausse sagesse du manteau Philosophique, parut dès le moment qu'elle s'épanouit, la foible lueur de la véritable ſageſſe, qui n'a mis depuis le dernier ſceau à la ſociété, que par les vertus que notre Religion nous enſeigne.

IX. Motifs pourtant d'attribuer la Légiſlation aux Grecs.

Voilà l'unique ſource de la ſolide légiſlation; cependant, pour ne pas combattre ouvertement le ſyſtême général, on a raiſonné dans cet ouvrage, comme ſi les Loix euſſent pris naiſſance chez les Grecs, parce qu'effectivement elles ont reçu de leurs Philoſophes une teinture de morale, qui, quoique variée, ſuivant les idées qu'ils ont eſſayé d'accréditer, a fait gouter aux hommes le joug de l'union & de la ſociété, comme ſi ce groupe des Colonies en eût frayé la route aux Romains, & ceux-ci à l'Europe, à meſure qu'il en ſubjuguoient les habitans; comme ſi, enfin, les petites îles de la Méditérranée euſſent policé la terre entiere.

X. A raiſon des Colonies qu'ils ont diſtribuées.

Il eſt certain que les anciens Pélaſges, plus proches du Continent que les Egyptiens, l'ont peuplé ou éclairé. Le Nord & le Midi étoient alors inabordables: celui-ci exigeoit une navigation trop longue & trop dangereuſe; celui-là ne paroiſſoit pas habité : il n'a pourtant pas été toujours impénétrable ; non ſeulement on a ouvert ſes forêts immenſes & couru ſes climats glacés, mais les Vainqueurs ont eu lieu de ſe repentir de les avoir aſſervis ; les nombreux eſſains, qui en ſont ſortis, couvrent aujourd'hui la ſurface de l'Europe, & répandus dans les autres parties, ils ont conquis l'Amérique, découverte à la vérité bien récente à qui voudra remonter aux premieres âges du monde.

A l'égard du Midi, ses habitans n'ont point franchi les bornes que la mer leur opposoit; brûlés par les ardeurs constantes du Soleil, & peu curieux de chercher un air plus tempéré, ils errent perpétuellement dans l'enceinte aride de leurs déserts.

XI. L'Afrique n'y a pas participé.

Au reste, il est certain que les Nations anciennes de l'Asie; dont la succession avoit été prédite par les Prophetes, n'ont laissé aucun corps de législation; ni les Chaldeens, ni les Assyriens, ni les Medes, ni les Perses, ne se sont oc-

XII. Ainsi que les anciennes Nations de l'Asie.

occupés de cette branche principale du Gouvernemeut : la durée de leur domination a été une lueur éphémere, s'il eſt permis de s'exprimer ainſi, tandis que les Grecs, diviſés en quelque ſorte par pelotons, ont figuré douze cents ans, également en bute aux Aſiatiques, comme aux Européens; ils n'ont cédés à ceux-ci, qu'après que ceux-là en ont honteuſement ſubi le joug.

XIII. La Chine encore moins.

La Chine, quoique membre de l'Aſie, placée à ſon extrémité, n'a jamais reculé ſes vaſtes limites, malgré le nombre prodigieux de ſes habitans : il ſemble que ſes mœurs conſtantes & oppoſées à celles de autres peuples, ſe ſoient perpétuellement concentrées dans l'intérieur du Climat qu'elle embraſſe ; d'ailleurs la vie qu'on y mene, étant une étude opiniâtre de la langue & des ſignes qui l'éterniſent, elle ne prête aucun aliment à l'ambition ; & ſi les Tartares ont renoncé à cette tranſmigration de Pays en Pays, où à l'habitude de faire des incurſions chez leurs voiſins, ils n'ont pu perſuader aux Chinois leurs usages, tant les préjugés ou le génie l'ont emporté sur les efforts des Vainqueurs; où plutôt le plan que le Souverain législateur leur a imprimé dès la naissance du monde, s'est tellement incrusté, & a tellement lié les parties de l'administration, avec le régime des familles, qu'il ne semble pas devoir jamais varier.

XIV. Conclusion. On peut donc, suivant l'opinion vulgaire, prêter aux Grecs d'abord, & ensuite aux Romains, la base de nos Loix : cette déférence, qu'ils ont méritée, n'obſcurcit point leur véritable origine ; ils ont effectivement ajouté beaucoup de vues ſages, & perfectionné ce que les premiers Philoſophes avoient, ou dérobé ou emprunté des Juifs, en paſſant par le canal des Egyptiens ou des Phéniciens ; & ce fil a été conduit juſqu'à nos jours, malgré les ſiecles d'ignorance & de barbarie, qui devoient le couper, ou au moins en égarer la trame,

# TABLE

## *DES NOMBRES*

## DU SECOND LIVRE.

XLIV.

Fin de la Table du second Livre.

DES BIENS

# LIVRE SECOND.

## DES BIENS
## *ET DE LEUR NATURE,*
## DES ACTIONS
## *ET DE LEURS EFFETS.*

L'EXPRESSION latine *res*, trop vague pour être déterminée par une définition ſimple, caractériſoit chez les anciens Juriſconſultes, les biens dont la Loi des ſociétés a gratifié les hommes; elle embraſſoit à la fois, & ce qui eſt matériel, & ce qui ne l'eſt pas; elle réduiſoit ſous une même dénomination les corps & les eſprits; elle allioit

I. La racine du mot *biens*.

enfin la matiere avec la subs-tance: la rendre en notre Langue par le terme *chose*; ce seroit lui donner une signification encore plus étendue, sur-tout pour ne l'appliquer qu'à l'objet de la Jurisprudence : je la traduirois plus volontiers par le substantif *biens*; outre qu'il est susceptible de la propriété & de la possession, il réunit dans son objet tout ce qui peut intéresser la vie & le bonheur des humains.

II. Manifestée par la propriété & la possession.

On ne sçauroit nier que la nature des biens ne soit manifestée par la propriété ou par la possession; l'une & l'autre voie ont été employées, aussitôt que l'union des hommes se fut consolidée : c'est en effet dévoiler l'essence des biens, que de distinguer ceux que la propriété peut affecter, de ceux qui sont uniquement propres à recevoir la possession. On dispose arbitrairement des premiers, on les transporte, on les reprend; en un mot, ils appartiennent tellement aux particuliers, qu'ils sont aujourd'hui en leurs mains, que demain ils s'en dépouillent avec la même facilité : on jouit des seconds, on en prête l'usage, & la communication ne va pas au-delà de ce domaine précaire.

III. Qui n'est pas une propriété véritable.

Car l'espece de propriété, que l'on semble acquerir par la possession, n'est ni une propriété véritable, ni une véritable possession; elle est la fiction de droit, introduite pour punir la négligence & recompenser l'activité; la possession a le masque de la propriété, lorsqu'elle offre les signes extérieures de la propriété : on est alors fondé à dire qu'elle perd sa nature de possession. Ces circonstances singulieres, protégées par le droit étroit, font les feules où il eft permis de confondre la propriété dans la poffeffion. Il eft donc certain que la poffeffion ne reffemble point à la propriété ; les biens fujets à elle ne changent jamais de nature ; la jouiffance toujours la même les perpétue d'âge en âge dans leur intégrité, & n'en altere point l'effence ; leur caractere eft ineffaçable : fans doute que les biens tranfmis par la propriété ne perdent pas le leur, malgré les occafions où la poffeffion repréfente la propriété.

IV. Biens facrés & biens libres fes divifions.

Le premier trait qui diftingua les uns & les autres, eft la divifion que les Grecs & les Romains ont fait des biens deftinés au culte des Divinités, & des biens libres ; les hommes poffeffeurs des uns, gardoient la propriété des autres ; le Droit Divin a depuis fubdivifé ces premiers biens en facrés, & Religieux ; il en a converti la propriété en possession; les biens voués à la Religion n'ayant ès mains de ses Ministres, que l'empreinte de la possession.

V. Exemples des biens sacrés en Angleterre.

Cette vérité devient sensible, quand on jette les yeux sur le sort qu'ont en Angleterre les biens Ecclésiastiques ; on imagineroit d'abord qu'Henri VIII, ayant détruit la Religion Catholique dans son Royaume, se seroit appliqué & à ses Sujets le patrimoine de l'Eglise : il y procéda effectivement, mais quel plan a-t-il suivi ? on devoit présumer que la Religion ne subsistant plus, les Domaines du Clergé séculier & régulier rentreroient dans le Commerce, & reprendroient leurs anciennes natures ; néanmoins ce Prince, que la passion avoit aveuglé, respecta la volonté de ses Prédécesseurs & des bienfaiteurs de l'Eglise; il ne toucha pas à la propriété, qu'il transporta à l'Etat; il exigea seulement de ses sujets, auxquels il repartit les terres des Ecclésiastiques, une redevance de sept en sept ans, pour bannir tout espoir de propriété, & convaincre les Laïcs, en qui il essayoit d'étouffer le cri de la Foi, qu'il ne pouvoit au plus leur concéder qu'une jouissance momentanée, que même la conscience leur reprocheroit constamment: exemple frappant, que l'Idolâtrie avoit donné plusieurs fois en Grece, lorsque ses Colonies qui se battoient souvent, pour obtenir la primauté dans les assemblées générales, enrichissoient les terres réservées à leurs frivoles Divinités, & appellées *Terres sacrées*.

VI. Quels étoient-ils chez les Anciens.

Au reste, le détail dans lequel entrent les Loix anciennes

des biens destinés à la Religion, feroit superflu ; Temple, Vases, Ornemens, produits de terres beaucoup plus abondans chez les Grecs que chez les Romains, dépouilles des ennemis, sommes que le trésor public fournissoit à l'entretien des Colléges, des Préteurs, recevoient le signe sacré, qui assuroit aux Dieux la propriété, & ne remettoient que la possession à leurs Ministres : aussi les Payens préparerent aux Chrétiens les maximes qu'ils observerent ; persuadés qu'ils tenoient de la libéralité de leurs Dieux la terre & les fruits, le commerce & ses richesses, la vie & ses charmes, ils prodiguoient à la multitude des sacrifices, ce qu'ils ramassoient de plus précieux ; ils pensoient même que l'humanité immolée dans les plus grandes solennités, satisfaisoit dignement leur reconnoiſſance. L'Amérique n'a que trop longtems perpétué ces ſcènes ſanglantes, qui font frémir la Nature : tel a toujours été & ſera peut être, chez les hommes, l'empire de la crédulité ; à peine ont-ils regardé la lumiere, qu'ils ſe ſont figuré qu'elle demandoit leur obéiſſance : l'offrande de leurs ſemblables : parens, amis, ennemis, dans l'ancien & le nouveau monde, inonderent fréquemment les Autels de leur ſang.

VII. Biens libres. Les biens ſubordonnés au droit humain ſe diſtribuent entre le public & les particuliers, également capables des effets de la propriété ; le public, à la vérité, ne diſpoſe pas des ſiens au gré de la multitude : les anciens Juriſconſultes en formerent trois claſſes, les communs, les publics & les univerſels ; les communs étoient ceux dont l'Etat ni le Citoyen ne pouvoient réclamer le domaine ; l'air, la mer, les fleuves, les navigations présentoient à tous les hommes indistinctement jouissance sans propriété. Si les Nations ont depuis partagé les fleuves & les mers, leurs traités canonisent ce principe, qui n'est pourtant pas l'œuvre de la Jurisprudence, & qui doit l'être à l'antique Philosophie.

VIII. Biens communs.

Les Stoïciens avoient débités la fable qu'aux premiers siecles du monde, les Dieux & les hommes composoient une société où les biens étoient communs ; que les hommes ayant offensé leurs Maîtres, ceux-ci répandirent sur la terre un déluge de maux ; qu'après avoir supprimé la race ingrate, ils ne laisserent à la nouvelle, pour gage de la communauté ancienne, que l'usage de ce qui étoit importable,

& que les créatures conſerverent en commun les Elémens.

IX. Biens publics.

Les biens publics de l'ordre, bien inférieur aux premiers, étoient le domaine des Etats circonſcrits & limités; les villes de la Grece, reſſerrées dans leurs îles, ou ſemées ſur les côtes, n'avoient preſque pas de domaines; les Romains les accumulerent, à meſure qu'ils reculerent leurs frontieres; la République ſe reſervant le fruit des conquêtes de ſes Citoyens: Nood a amplement diſcuté cette matiere; il ſeroit inutile de le copier.

X. Biens de l'univerſalité.

Les biens de l'univerſalité attachent au corps qui les aquiert la nue propriété, & aux membres l'uſage; toute ſociété civile eſt une univerſalité, elle ne ſçauroit ſubſiſter, ſans profiter aux Individus, & ces Individus régiſſent alors le domaine commun. Il n'eſt aucun genre de Gouvernement qui ne nourriſſe dans ſon ſein de pareilles ſociétés. A titre d'aſſociations privées, elles ont beſoin de l'attache du Prince, pour exiſter au milieu d'une Monarchie : l'Etat Monarchique, n'ayant de corps que la Monarchie même, le deſir qu'une portion témoigne de ſerrer une union plus étroite, doit ſolliciter non ſeulement l'aveu de la perſonne unique de l'Etat, mais en attendre encore la maniere d'être, toute aſſemblée, qu'elle ne légitimeroit pas, deviendroit attroupement dangereux, & dégénéreroit en indépendance, le plus grand attentat de l'entiere obéiſſance du ſujet vis-à-vis ſon Souverain ; rien ne peut croître hors ſa préſence, ſon autorité grave ſur chacun le type ineffaçable de la ſubordination ; & la puiſſance, toujours juſte, toujours éclairée, crée ou éteint les ſociétés favorables ou nuiſibles au calme des ſujets.

XI. Biens des Particuliers. A l'égard des biens particuliers, ils concentrent la vraie propriété ; la façon de les multiplier ou de les commercer a varié parmi les Nations anciennes & modernes ; les Grecs avoient peu de fonds ; la navigation ſur les côtes de l'Aſie & de l'Europe fut longtems leur meilleure reſſource, & le trafic des Eſclaves, leur revenu ordinaire : Sparte & Athênes, les deux plus floriſſantes Républiques de la Grece, connoiſſoient à peine l'or & l'argent ; le cuivre accabloit par ſon poids les plus riches Citoyens ; les Divinités qu'ils encenſerent, furent d'abord des pierres brutes, que l'habilité du ciſeau decora de figures humaines ; les ornemens des Temples, des meubles grossiers, qui disparurent, lorsque les Grecs pénétrerent en Asie; cette contrée enrichit également les Romains, lorsqu'ils eurent perdu de vue les côtes d'Italie.

XII. Chez les Romains.

Ceux-ci ayant eu beaucoup de peine à reculer les limites étroites du *Latium*, appliquerent à la vente des terres des ennemis qu'ils subjuguoient, la maniere déja pratiquée à Rome pour communiquer entre les Citoyens l'ignoble & dangereux métail qu'ils n'avoient pas même abondamment; la balance ou la main transféroient la propriété du cuivre, leur unique richesse sous les Rois & les premiers Consuls: le Domaine des Terres conquises appartenoit à la République; les Légions le lui avoient procuré, les Légions l'obtinrent pour récompense; la répartition fut la ſource féconde des troubles, que reſſentit l'Etat Républicain, & des ſecouſſes qui l'ébranlerent frequemment.

XIII. Comment ils ſe transféroient.

Les héritages ruſtiques, appellés de la ſorte, pour ne pas les confondre avec les maiſons de la ville, ſe vendoient publiquement; & la formalité de la *captation* de la main, conſommoit la tranſlation de la propriété; *manu capere* ou *mancipi*, étoient les termes qui la déſignoient, & que notre langue ne traduiroit pas facilement : les Coutumes en France ne ſont pas uniformes ſur ce point; il y a des Provinces où le Droit Romain regle le protocole de l'achat & de la vente; la Loi des fiefs, qui domine les autres, exige en certaines contrées des cérémonies plus ou moins rigoureuſes; le Veſt & le Déveſt uſités en pluſieurs Pays, eſt celle qui lie davantage le Vaſſal à ſon Suſerain ; les grands fiefs en Allemagne ne ſont pas plus dans le commerce, que les Duchés-Pairies en France : les premiers, à défaut des mâles, paſſent en d'autres mains, par la volonté libérale de l'Empereur, ou par les conventions des familles réciproques pour la ſucceſſion, mais approuvées par le Chef de l'Allemagne ; les ſeconds, réunis à la Couronne, dans la même circonſtance, en vertu des lettres de création, retournent aux collatéraux, par la bonté du Roi, en perdant l'attribut de la Pairie, ſauf à la faire revivre, ſur la tête des mâles, en vertu de la nouvelle conceſſion, toute Pairie étant maſculine dans ſon origine & ſes fonctions, quoique le Royaume de France en conſerve un petit nombre communes aux deux ſexes : Louis XI ſçut profiter de cette ancienne maxime, pour réunir à ſa Couronne ſon plus beau fleuron, je veux dire, le Duché de Bourgogne.

XIV. Biens corporels & incorporels, deuxieme diviſion.

On prète encore au Philoſophe Zénon la ſeconde diviſion des biens corporels & incorporels; Seneque la répété depuis lui : *Tout ce qui eſt*, dit-il, *eſt corporel ou incorporel ; eſt-il douteux*, ajoute-t il, *que ce qui peut ſe toucher ne ſoit un corps ?* le ſophiſte Lactance l'a emprunté d'eux; *le corps eſt ſolide & compréhenſible, il eſt apperçu des yeux & touché de la main.* Le fameux vers de Lucrece l'exprime de la ſorte :

> Tangere enim & tangi niſi corpus
> nulla poteſt *res.*

La matiere étoit donc corps, chez les Stoïciens; ils ſapoient par-là le ſyſtême extravagant des Atômes, qui ne pouvoient aiſément être vus des yeux, ni touchés de la main ; il falloit qu'ils fussent quelque chose, avant de s'amonceler pour organiser le cahos : or ces premiers êtres prétendus, n'étant pas matiere, suivant le principe de Zénon, ne pouvoient jamais la devenir, ni par conséquent leur amas fortuit produire un monde matériel, au-dela duquel les Philosophes Grecs n'appercevoient rien, parce qu'ils ne vouloient pas réfléchir, que la matiere n'ayant par elle-même aucun mouvement, n'en pouvoit imprimer à ce que leurs yeux considéroient.

XV. Leur définition bonne en Jurisprudence.

Leur définition peu correcte en Philosophie, est avouée en Jurisprudence, qui n'envisage que la propriété des corps, vus par les yeux, touchés par les mains, & assez stables pour braver sûrement les événemens de la vie, ou les caprices des hommes. Le sol de la terre, les bâtimens dont on couvre sa surface, sont les biens corporels; les Philosophes ne les auroient pas découverts les premiers, s'ils n'eussent précédés les Jurisconsultes; il ne falloit pas méditer longtems; ceux-ci même n'ont pas indistinctement enveloppé dans la masse des biens corporels tous les corps vus ou maniés; les animaux, les fruits, les métaux, n'ont jamais été des biens corporels; la facilité de les consommer ou de les perdre les en a retranchés; on en confond la propriété dans l'usage, & elle périt avec lui, ou s'éclipse par la tradition.

XVI. Nature des biens incorporels.

Les biens incorporels n'étant pas sensibles, ont une définition négative; on la conçoit de ce qui n'est pas, en l'opposant à ce qui est apparent ou matiere: en effet, tout ce qui n'est pas corps, mots synonimes, est purement intellectuel; cependant les lumieres naturelles, très-foibles chez les Philosophes Grecs, n'avoient pas assez dévoilé l'entendement humain, pour qu'ils expliquassent nettement l'essence de ce qui n'étoit point palpable; l'idée & son origine, la pensée & son opération avoient échappés à ces prétendus Sages, qui ne dévoilerent dans leurs écrits aucune conception de l'ame & de ses facultés: la plupart n'ont pas dissimulé qu'ils la rapportoient à l'instinct matériel des animaux, & ont presque tous affirmé qu'elle s'éteignoit avec le corps. Avant de creuser la partie qui étoit en eux intelligence, il eût été nécessaire qu'ils en eussent la premiere lueur; l'ignorance profonde & les automates qu'ils adoroient, les en éloignoient plutôt que de les en rapprocher; ils attribuoient au vain nom de

Nature & d'humanité, l'ouvrage de l'Esprit universel, créateur & conservateur de toutes choses; la terre & l'air bornoient leur créance, ils ne pénétroient pas au-delà de l'écorce du corps; les sensations extérieures paroissoient à leurs yeux le germe du mouvement interne : ainsi ils composerent l'incorporel, de ce qui n'étoit pas corps, & ne démêlerent pas cette idée, que les Jurisconsultes ont fort heureusement attachée à la législation.

XVII. Leur définition.

On lit dans Cicéron : » il y a » deux premiers genres de défini- » tions, qu'il est essentiel de re- » marquer; l'un des choses qui » sont, l'autre des choses que l'on » comprend; les premieres peu- » vent être apperçues & maniées, » le sol, les bâtimens, les trou- » peaux, les meubles; les secon- » des, ne sçauroient être vues

» ni touchées, l'usucapion, la
» Tutelle, les dégrés de famille
» & d'agnation ou cognation ; el-
» les ne montrent pas, à la vérité,
» un corps réel & étendu, mais
» elles décélent certaine confor-
» mation, de certains traits, dont
» le voile s'appelle *notion*, & que
» l'esprit sçait différencier » : le pas-
sage de Cicéron explique exactement les choses corporelles & incorporelles. Les dernieres surtout, que les sectes anciennes avoient laissées sous l'emblême obscur des choses, qui n'y sont pas, réflechissent une lumiere d'autant plus pure, qu'elles trouvent leur véritable distinction dans les actions des hommes.

XVIII. Terme consacré aux biens corporels.

La Philosophie ancienne considéra les êtres, en tant que la matiere les produisoit, & se fixoit aux choses corporelles, dont l'organisation étoit pareillement le mouvement des corps : la Jurisprudence, sœur cadette de la Philosophie, a poussé ses recherches au-delà de ce but; elle a respecté la touche de son aînée; elle a adapté aux corps l'expression latine *res*, qui rendoit le mot Grec auquel nous substituons celui des *choses*; elle a aussi désigné les biens incorporels, par le terme *Jus*, que nous nommons *Droit.* Pour confirmer l'analogie du mot *res* aux corps, il suffiroit de rappeller le vers de Lucrece, transcrit plus haut. Ce Philosophe latin, marchant sur les traces des aveugles Adeptes de la matérialité, en a fait un axiôme, que ses Prosélites ont étayé par les rêveries qu'avoient déja enfantées les Philosophes Grecs dans leurs délires, dignes Eléves de ces guides insensés.

XIX. Différence sensible entre ce qui qualifie

L'une & l'autre expression détermine l'un & l'autre objet;

d'ailleurs, il eſt conſtant que l'image ni viſible, ni maniable, ne ſçauroit être une choſe proprement dite ; il impliqueroit contradiction, que l'idée de la choſe annoncât l'opération des ſens, & pourtant que les ſens n'y euſſent aucune part ; la choſe incorporelle n'étant pas véritablement une choſe, il n'y avoit aucun motif de la nommer ; ainſi elle eſt plutôt une eſpece de ſubſtance qui la détache de la matiere, & le terme *Jus* ou *Droit*, ſemble mieux la caractériſer : les exemples que Cicéron rapporte, & les autres objets raſſemblés dans les livres des Loix, éclairent cette application diſtinctive aux biens incorporels ; quelquefois les corporels deviennent incorporels ; l'argent monnoyé eſt un corps du commerce le plus uſité, & le métail le plus accrédité, auſſi-

les biens corporels & incorporels.

tôt qu'il ſe convertit en contrats & obligations, ou quelqu'autre façon de le prêter, il eſt bien incorporel; on affirmeroit qu'il troque ſon exiſtance pondérative, contre une artificielle; il ſemble preſque inviſible, pour affecter plus particulierement les corps & les empreindre des droits que la convention lui procure.

XX. Tout Droit eſt bien incorporel.

Ainſi toute eſpece de Droit eſt bien incorporel; tant d'Auteurs anciens & modernes ont employé leurs veilles à les expliquer, qu'il n'en coûteroit que de les copier; on franchiroit les bornes d'un Ouvrage, deſtiné à réſumer les régles invariables du Droit univerſel des Grecs & des Romains, & en vigueur chez pluſieurs Peuples de l'Europe; le Droit féodal ne les a pas altérées, & la différence des Coutumes n'en a pas retardé

l'étude;

l'étude ; elles ſont la baſe de toute Loi Civile, même des Pays coutumiers. Les fiefs n'ont attenté, ni aux ſervitudes réelles & perſonnelles, ni aux uſufruits, ni aux habitations, ni aux autres avantages que les femmes Romaines cumuloient dans leurs contrats de mariage : les partages des ſucceſſions reſpirent aujourd'hui les maximes Romaines ; les teſtamens, les legs, juſqu'aux fideicommis, plus rares à la vérité, ont ſouvent l'empreinte de la puiſſance paternelle ou de la volonté abſolue, ſi honorées à Rome. Les Nations récentes n'ont rien rejetté de ce qui ſe concilioit avec leurs mœurs primitives ; elles ont innové dans la forme, peut-être que les langues y ont plus influé que le climat ou le caractere des habitans.

Quoi qu'il en ſoit, la propriété XXI. Droit civil

regle indiſtinctement a propriété des uns & des autres.

du bien corporel ou incorporel a toujours été dirigée par le droit civil ; il l'a ou gênée ou facilitée, ſuivant les conjonctures ; l'ancienne méthode, ſimple & dénuée de tout pacte ſuffiſoit dans la République, dont les murailles environnoient le mince territoire. La balance, le Juge préſent, tranſmettoit la propriété ; les héritages hors l'enceinte, la chaumiere dans la ville, étoient ſi médiocres, que la main tendue réciproquement opéroit l'échange plus facilement, lorſqu'il s'agiſſoit de commercer les Eſclaves ou de vendre les denrées. Auſſitôt que l'Italie eût accru le patrimoine des Romains, & que la Mer & les Alpes eurent oppoſé de foibles barrieres à leur ambition, la balance fut abandonnée, le Juge négligé, le poids mépriſé ; les richeſſes répandirent des nuages ſur la propriété, & provoquerent les sûretés ; on employa l'usucapion, bénéfice de la possession, dont jusqu'alors la balance n'avoit pas eu besoin.

XXII. L'usucapion & la prescription.

L'usucapion & la prescription remplacerent donc la nue translation : la premiere a été perdue & enveloppée dans la chute de l'empire Romain ; elle a laissé des rameaux qui l'ont entretenue, où le droit écrit regle le sort des familles : la seconde, a survécu ses protecteurs, elle est même aujourd'hui qualifiée la patrone du genre humain ; titre imposant & juste, que ses effets lui ont assuré ; elle est la possession invulnérable, à l'abri de laquelle la propriété brave les coups de la malice humaine ; elle a réuni les esprits & les suffrages ; elle a l'obligation de ses progrès au calme qu'elle entretient parmi les hommes.

XXIII. Systême de

Platon en appellant l'usuca-

Platon sur l'usucapion.

pion dans sa République, ne l'admettoit que pour les choses, c'est-à-dire, pour les corps; il l'a regardoit complette, si pendant une année en ville, & cinq à à la campagne, on avoit usé de la chose : ce mot *usé* manifesta dans la suite *l'usus* & *l'auctoritas*, que la Loi des Décemvirs a alliés ensemble, afin de rendre familiere aux Romains l'usucapion, qu'ils avoient rapportée de Grece. Au lieu de cinq années prescrites pour s'approprier les biens ruraux, les Décemvirs réduisirent à deux ans la jouissance paisible des champs : on se souviendra que la plupart n'appartenoient aux Citoyens qu'à raison de la distribution des Loix agraires : la République, censée propriétaire des fonds qu'elle divisa entre les Romains, ne se d.pouilloit pas tellement, qu'elle ne pût marquer par un ſigne, que les Domaines de ſes membres provenoient de ſa libéralité; le mot *uſus*, ſeul, n'eût pas été ce témoin perpétuel; celui d'*auctoritas*, joint au premier, fut le ſymbole non équivoque de la propriété de l'Etat, & le texte précis des douze Tables l'annonça bien clairement : *Uſus auctoritas fundi biennii cæterarum rerum annuus uſus eſto.*

On découvre, dans ces paroles énergiques, en quoi conſiſtoient le meuble & l'immeuble; en quoi conſiſtoient les biens de la République & ceux du Citoyen : les fonds venoient de l'Etat, ſon autorité en aſſuroit la propriété & la jouiſſance de deux années; toutes les autres choſes compétoient aux Citoyens; l'uſage de l'année les leur adjugeoit; *fundus* cumuloit *uſus & auctoritas*; l'uſage par le particulier, l'*auctoritas*, par la République, tandis que l'uſage ſeul, durant l'année, lui procuroit la propriété de tous les autres corps ou choſes. Platon avoit exigé que la jouiſſance fût publique; il avoit ajouté, qu'au cas que la poſſeſſion des héritages ruſtiques fût clandeſtine, on pouvoit les réclamer pendant dix ans. Athênes avoit adopté l'exception; Iſocrate y fait alluſion dans ce diſcours d'Archedamis: « Vous » n'avez pas oublié que les » hommes ſe ſont convaincus, » que les poſſeſſions privées ou » publiques étoient confirmées » par la preſcription lointaine, » & devenoient leur patrimoi- » ne »: cela ſignifioit a Athênes, comme à Rome, l'héritage que l'on recueilloit de ſes Peres; héritage d'autant plus précieux, qu'il diſtinguoit chaque famille. Le principe remontoit plus haut, la Loi sainte en avoit fait le commandement aux Juifs ; elle leur défendit d'aliéner incommutablement les fonds assignés aux familles de chaque tribu ; elles pouvoient les céder dans une nécessité urgente, mais elles les recouvroient au bout de quelques années, que les dettes étoient censées acquittées : les Grecs ne déférerent pas à ce retour périodique, & les Romains les imiterent ; témoignage non suspect, que le Gouvernement de Israélites fut le modele du régime des Peuples guidés par la sagesse humaine, avec la différence constante entre le doigt de Dieu & celui des créatures ; en sorte que les traits empruntés d'eux paroissent plutôt dérobés qu'observés fidellement.

Rome décida, d'après les douze Tables, que la possession de deux années à la campagne, & — XXV. [illegible] dès leur berceau.

d'une dans l'intérieur, aquéreroit à ſes Citoyens la propriété des choſes. La confection de la loi puiſée chez les Grecs s'opéra, au moment que la puiſſance Romaine ne s'étendoit pas au-delà du Latium ; elle ne ſoumit à l'uſucapion, que le territoire de la ville ; ceux de l'Italie en éprouverent enſuite le joug ; mais ceux des Provinces, que le Peuple Romain ſe réſerva, en furent affranchis, & les Fermiers ou Emphitéotes enportoient les revenus au tréſor public ; Théophile le dit élégamment : les Citoyens qui cultivoient autrefois les héritages a eux cédés par la munificence du Peuple ou du Prince, n'en étoient pas les Propriétaires ; le Domaine direct ne ſortoit jamais des mains de la République ou de l'Empereur ; ils en obtenoient le Domaine utile, c'eſt-à-dire, les fruits ou la pleine poſſeſſion, avec la faculté d'en diſpoſer pendant le terme de leur jouiſſance ou en faveur de leurs héritiers, ou en faveur de leurs amis.

XXVI. L'Emphitéoſe.

L'emphitéoſe avoit ce double avantage, de conſerver à l'Etat les fonds qu'il aliénoit à ſes Membres, & de garantir ſes Membres des troubles qu'a toujours à redouter une puiſſance précaire : elle préſervoit les poſſeſſeurs des inconvéniens de l'aliénation; elle ne ſe prêtoit ni aux inimitiés, ni aux jalouſies; elle amélioriſſoit les fonds abandonnés à bail emphitéotique, & elle fourniſſoit à l'émulation les avantages de la jouiſſance longue & paiſible : l'emphitéoſe, ouvrage des Romains, pourroit être une reſſource ſupérieure dans les aliénations des Domaines, que la moindre enchere anéantit; l'aliénation continuellement tourmentée par l'appréhenſion d'être dépoſſédé, détériore au lieu de bonifier les fonds qu'on tient à rachat perpétuel; ils périſſent entre les mains du poſſeſſeur inquiet, & la Couronne n'en eſt pas ſoulagée dans ſes criſes: plus on y réfléchiroit, plus on ſentiroit que l'intérêt particulier, concourant avec l'intérêt général, le ſeconderoit parfaitement.

XXVII. Point communiqué aux Etrangers pas plus que l'uſucapion.

Les Décemvirs, au reſte, n'adopterent l'Uſucapion, qu'en faveur des Romains, auxquels ſeuls ils diſtribuerent les terres de l'Etat; ils en priverent les étrangers: le decret dit, *adverſùs hoſtem æterna auctoritas eſto.* La République, ſous l'image de l'autorité, voua une guerre éternelle à l'ennemi ou à l'étranger, termes ſynonimes aux yeux des Romains, trop orgueilleux pour marcher à côté d'hommes que la République n'avoit pas engendrés, trop ambitieux pour ne pas primer des sujets, que la liberté ne relevoit pas : on croyoit aussi que les Législateurs avoient prévus que l'amitié des étrangers étoufferoit la puissance Romaine ; que le souffle impur des Barbares qu'ils dédaignoient, cangreneroit l'Etat & leur ville ; qu'ils avoient compris que si les étrangers profitoient même de l'usucapion, ils se mêleroient aisément parmi les Citoyens, & envahiroient les fonds Italiques & les maisons de Rome qui y étoient restées sujettes ; voie ordinaire de monter aux Charges éminentes, & de parvenir à la tête du Gouvernement.

XXVIII. Paroles d'Ennius.

Ennius fait honneur de cette pensée à Scipion l'Africain ; *les fondemens de la République ſont tels*, s'écrie-t-il, *qu'il n'y a aucune liaiſon entre le Citoyen & l'étranger.* Précaution ſalutaire, qui ne fut pas de longue durée; l'uſucapion fut communiquée par échelons; elle ne chemina pas vîte ſous les Conſuls; ſa route fut rapide ſous les Empereurs: ils dépendoient de leurs troupes, recrutées la plupart des Nations ennemies; ils recompenſerent les Chefs, en les revêtant des dignités qui, n'étant plus Magiſtratures, furent prodiguées aux étrangers: le ſceptre de l'Empire, que les Légions offrirent d'abord & qu'elles s'attribuerent enſuite, leur procura les rênes du char, renverſé chaque jour; les Conſtitutions des Empereurs multiplierent leurs priviléges; & celle de Caracalla ayant accordé aux Ingénus le glorieux & ſuperbe nom de Citoyen Romain, les étrangers, même les Barbares, revendiquerent l'usucapion : elle ne comprit jamais les meubles volés ou dérobés, plusieurs loix en renouvellerent la défense ; l'usucapion eût ouvert la porte au vol & à la fraude, elle qui n'étoit invoquée que pour seconder la bonne-foi, remuer l'indolence ou la paresse.

XXIX. Extension de l'Usucapion.

On en remarquera une espèce, contre laquelle Scribonius osa envain s'élever : elle concernoit certains immeubles, qui n'y avoient pas d'abord été assujettis ; on avoit imaginé que les servitudes, biens incorporels, n'en subiroient pas l'impression ; l'usucapion, fruit de la possession, ne sembloit avoir aucun raport avec le bien qui ne pouvoit être possédé ; la servitude incompatible à l'extérieur avec la possession, devoit, par conséquent être soustraite à l'usucapion : Scribonius avançoit ce dilême, qu'il eût été difficile de combattre de front : » ou la » servitude prête le flanc à la pos» session, ou elle n'en est pas ef» fleurée ; il est certain que la pos» session ne sçauroit en approcher, » donc elle ne sçauroit l'entâ» mer » : il ne fut pas écouté.

XXX. Les douze Tables muettes sur les choses incorporelles.

D'ailleurs, les douze Tables n'avoient rien statué sur l'usage des choses incorporelles ; elles ne connurent gueres un droit invisible aux sens, les années s'accumulerent avant de l'entrevoir ; l'intervalle favorisa l'usucapion ; elle fructifia pour les biens corporels, elle en couronna la stabilité ès mains des Citoyens, qui les gagnerent ; la fiction tint lieu de réalité ; les servitudes, peu susceptibles de propriété & de possession tomboient en usage ; user & posséder ne présenterent aucune différence aux yeux des

Juriſconſultes, & ils enveloppe-rent volontiers dans l'uſucapion les ſervitudes ruſtiques : Scribo-nius pourtant n'auroit pas eu lieu de ſe plaindre ; les Empe-reurs, & ſurtout Juſtinien, en abattant l'uſucapion, la reſſuſ-citerent ſous le nom preſcrip-tion.

XXXI. La preſ-cription.

Celle-ci remplaça la ſauve-garde des biens corporels : on en étendit les effets : l'uſuca-pion propoſoit un terme trop bref ; le mobilier s'éclipſoit au bout de l'année, deux transfé-roient les fonds ; ce délai court ſuffiſoit aux premiers Romains ; ils partageoient leur temps en-tre les aſſemblées de la ville & le ſéjour à la campagne ; ils ne ſortoient des limites de leur étroi-te enceinte, que pour les expédi-tions militaires, ſouvent termi-nées par une bataille ; ils ne voya-geoient point ; l'adminiſtration les occupoit au point de n'avoir pas l'inſtant de s'éloigner d'un champ de peu d'arpens, des inſtrumens de labourage, des meubles groſſiers : de petites chaumieres à Rome étoient les Palais de leurs Citoyens & les héritages de leurs Dictateurs.

XXXII. Devenue plus chere aux Romains.

La poſition changea, quand l'Italie reçut des fers; les Edits des Préteurs, les Conſtitutions des Princes découvrirent le foible de l'uſucapion, & lui ſubſtituerent la longue poſſeſſion : on la fixa à dix ans entre préſens, & vingt ans entre-abſens: il eſt aiſé d'appercevoir dans cette prolongation l'uſucapion déguiſée, malgré le mot de *preſcription*, que l'on lui ſubſtitua. Le droit civil inventa la premiere; le droit civil obtint la ſeconde de l'indulgence du Souverain : l'une opéroit en peu de jours, ce que l'autre effectuoit plus lentement : celle-là confondit la présence & l'absence, parce que personne ne s'absentoit ; celle-ci protégeoit les absens : l'Usucapion s'annonçoit par la certitude de sa durée ; la prescription ne devoit son efficacité qu'à son incertitude : plus on reculoit les premiers momens de la jouissance, plus on avoit droit à la prescription : plus on articuloit l'usage continu, plutôt on gagnoit le bénéfice de l'usucapion, qui enfin ne frappoit que le mobilier & les terres italiques, tandis que la prescription a depuis tout absorbé.

XXXIII. Accueillie par les Nations actuelles.

Cependant, autant on accumulera de différences entre l'usucapion & la prescription, autant on confirmera qu'elles ont une source commune : si l'usucapion n'eût pas été inventée, peut-être n'auroit-on pas essayé de la prefcription : elle a eu le fort le plus heureux ; toutes les Nations de l'Europe l'ont accueillie ; elle a même paffé du Droit civil au Droit canon ; elle eft la rofée douce qui fertilife toutes fortes de biens corporels : loin d'avoir le mafque odieux de l'ufucapion, elle la prévient, elle la pourfuit ; & comme tout ce qui lui eft fujet circule dans le commerce, & peut fatisfaire les defirs des hommes, en leurs procurant les fruits de leurs recherches, elle affermit la propriété, par la route infenfible de la poffeffion ; elle eft enfin le bouclier impénétrable des biens corporels & incorporels, des meubles & immeubles.

XXXIV. Teftament militaire.

Cette œuvre de la Loi, peut-être celle de l'homme, donation, teftament, où le moindre figne évident de la volonté la confirme, volonté plus obéie chez les Romains que chez les Grecs; le Romain au milieu du camp traçoit ſur le ſable des ſyllables, dont à peine on diſcernoit les traits, & que le ſouffle auroit effacées; elles étoient néanmoins plus ſolides que s'il les eût gravées ſur la cire, & ſa fantaiſie, que ſa préſence à la ville eût peut-être gênée par les formalités, en ſecouoit le joug à la guerre, tant le ſacrifice de la vie méritoit de la Patrie, de faveur & d'indulgence!

XXXV. Ordonnances Françoiſes ſur les teſtamens & les donations.

Les Juriſconſultes ont épuiſé la matiere des teſtamens & des donations; ils n'ont pas oubliés les effets de cette tranſlation légitime de propriété; la doctrine des anciens a été preſque accablée ſous les amples commentaires que les modernes ont accumulés en voulant l'éclaircir. Chaque gouvernement a preſcrit des regles propres aux ufages reçus : la France a les fiennes, récemment couchées dans le double Edit des donations & des teftamens ; la fageffe du Législateur y a fixé irrévocablement les bornes de la libéralité, foit pendant la vie, foit à la mort ; elle a coupé les voies obliques par lefquelles on paroiffoit donner, cependant on retenoit, pour fruftrer des héritiers légitimes, & gratifier les étrangers, du patrimoine des familles ; elle a canonifé, en certaines Provinces, le ftile qu'elles avoient confervées ; elle a confirmé aux autres la pleine liberté de difpofer, pourvu qu'elle confommât, en s'expliquant, ou qu'elle attendît le dernier inftant pour réalifer ; elle a étouffé les germes des Procès longs & difpendieux, que l'obfcurité des termes & la délicateffe des circonſtances enfantoient perpétuellement : il ſeroit donc ſuperflu d'expliquer les effets de donations & des teſtamens ; de diſtinguer les perſonnes qui pouvoient donner ou teſter ; ces détails aujourd'hui peu interreſſans, ont excité l'attention de l'Empereur Juſtinien ; il les a inſcrits dans ſes Inſtituts, & il y auroit de la témérité à eſſayer de les mieux rendre.

Il y a pourtant une façon d'acquerir ou d'aliéner, qu'il eſt bon d'apprendre, quoique tombée en déſuétude, à préſent plus curieuſe que néceſſaire : les Grecs ne l'avoient pas enſeignée aux Romains ; on le croira aiſément, lorſqu'on ſe rappellera, que leurs mœurs différoient au point, que réunis enſuite ſous la même domination, ils ne confondirent point leurs uſages : le commerce d'Athênes & de Rome

XXXVI. Effets à Rome du pouvoir paternelle.

ne regardoit que les Sciences & les Arts; chaque République ne se communiqua rien de son origine: la Grece ignoroit les avantages du pouvoir paternel, & Rome lui dut sa grandeur; le Citoyen en acquérant la *personne*, acqueroit toutes celles qui vivoient sous sa puissance; l'adoption en fut le symbole, les fils-de-famille & les esclaves de l'adopté passoient ès mains de l'adoptant ensemble, à moins qu'en les recevant, il n'émancipât les uns & n'affranchît les autres: l'adoption, alors simple formalité, pour ouvrir la route de certaines charges, que l'ordre de l'adopté l'eût empêché de solliciter, les Patriciens entrerent dans les familles Plébéiennes, afin d'être aggrégés au Collége des Tribuns, & les malheurs les y accompagnerent souvent.

(XXXVII. Il y est la Loi suprême vis-à-vis les femmes & les filles.)

La puissance paternelle, toujours absolue à Rome, tant que la République subsista, donna l'être au droit civil des familles, où elle ne s'affoiblit jamais : non seulement elle dicta les testamens & les substitutions qui captivoient les enfans & les Esclaves, mais encore elle tint les femmes & les filles dans une tutelle perpétuelle, ne pouvant disposer ni de leurs biens, ni de leurs droits : cependant elles ne furent pas à la merci de leurs maris ; si d'un côté elles languissoient dans les fers, tant que le lien du mariage ne se rompoit, ou par la mort ou par le divorce, leur fortune ne souffroit ni de la négligence, ni de la prodigalité : les Sénatus-Consultes, en vigueur dans les Contrées soumises au droit écrit, leur assuroient les recours les plus favorables ; foible dédommagement pour le ſexe, qui vivoit & mouroit ſous le poids de la plus aveugle dépendance, qu'il ne devoit pas éprouver, puiſqu eſes charmes avoient produit les premieres générations Romaines, & la bienfaiſance des Sabines auroit dû mériter à leurs deſcendantes, les témoignages continuelles de la plus vive reconnoiſſance; elles avoient fondé l'Empire Romain plutôt que Romulus, dont le plan s'évanouiſſoit, ſans les douces amorde leur complaiſance.

XXXVIII. Il aſſervilſoit les fils-de-famılles, qui dans la ſuite eurent la liberté de teſter.

Les fils de-famille étoient plus maltraités; leurs enfans ne leur appartenoient pas; les Empereurs les conſolerent dans leurs diſgraces; ils avoient déja aboli le pouvoir de vie & de mort: on n'avoit eu que trop d'exemples de la cruauté des Peres envers leurs enfans, & des cris impuiſſans de la nature contre l'inhumanité des aſcendans : les fils-de-famille, tranquilles ſur leurs jours, ne jouiſſoient d'aucun rayon de liberté ; les Empereurs allégerent leur ſituation, en accordant des pécules, & permettant qu'ils teſtaſſent en cette poſition, ne profitant auparavant que des temps de campagnes militaires, pour confier leur derniere volonté à la pouſſiere du ſable, reſſource fragile, & que la vue de la mort prochaine autoriſoit.

XXXIX. Teſtament des femmes.

Ce premier pas favorable aux fils-de-famille, en produiſit un utile aux femmes ; elles obtinrent la permiſſion de teſter : mais leur vie fut une chaîne perpétuelle, tandis que les garçons, devenus Peres de-famille ou émancipés par l'entremiſe du Juge, ou par la promotion aux Magiſtratures, rempliſſoient la place de chef-de-famille, & participoient au Gouvernement : qu'elle agréable perſpective, ſurtout, quand les Romains eurent dompté l'Aſie & l'Europe, qu'ils ſe virent eſcortés d'une foule de Cliens, parmi leſquels ils comptoient les plus grandes villes du monde ! Maîtres d'un Peuple d'Eſclaves, ls étoient Souverains chez eux, & leur deſpotiſme étoit affermi par la République qu'ils compoſoient. Les femmes ſe contenterent des droits moins faſtueux; elles ne reprocherent pas aux Romains la retraite ou elles vivoient, ſatisfaites de leurs biens à leur mort : ce privilége n'a eſſuyé aucune contradiction, depuis que les Nations du Nord ont partagé l'Europe; la viduité leur confirme aujourd'hui l'adminiſtration abſolue. Le droit muncipal a concouru avec le droit des gens, pour élever les femmes au rang des anciens Peres-de-familles; elles gouvernent les Empires, elles ſont appellées à la ſucceſſion de pluſieurs Monarchies, comment leur diſputeroit-on le ſoin de veiller à l'univerſalité de leurs biens, à l'éducation & à l'établiſſement de leurs enfans, aux dépens de l'aiſance de leur vie? Le ſacrifice de la fortune coûte peu à la tendreſſe; l'ambition plus hardie, l'expérience plus ſouple ne bravent pas les obſtacles, que renverſe l'amour maternel; conſtant & naturel, il eſt le meilleur conſeiller de l'ame, & malheur aux enfans, lorſqu'elles ne le conſultent pas.

XL. Le Legs, le fideicommis & la ſubſtitution.

Le legs fut encore une voie d'acquerir, pratiquée par les Citoyens Romains, aptes & idoines à le recevoir; la libéralité, ſentiment pur, éclatoit rarement au premier âge de la République; la frugalité & la pauvreté ne ſe concilient guerres avec elle;

le luxe ne provoque pas cette vertu, quoiqu'il en ait quelquefois le ton ; & aussitôt qu'il eut amolli les Romains, les legs inonderent les testamens. Le fidéicommis sortit aussi des douze Tables ; il exprimoit d'une façon plus étendue la volonté impérieuse du Romain, qui régloit après sa mort, la destinée de sa famille ; il la déposoit momentanément ès mains d'un tiers ; celui-ci, forcé de garder le bien du testateur, jusqu'à ce qu'il en eût exécuté les intentions, étoit l'héritier précaire, qui accomplissoit la loi de l'hérédité, nécessairement instituée : on ne refusoit pas le dépôt indifférent que l'on rendoit promptement, & la voie indirecte de gratifier, ne paroissoit pas un circuit fâcheux au fidéicommissaire, qui souvent imitoit son modele, dans la dispensation de son patrimoine : le langage de la puiſſance paternelle ſurmontoit tous les dégouts ; ſa chute a entraîné les fidéicommis, & le mot ſeul à préſent, inſpire des ſoupçons que la confiance n'étouffera jamais. La ſubſtitution eſt moins dangereuſe ; d'un côté, on n'y enviſage aucun inconvénient ; de l'autre, on accumule les motifs les plus preſſans de ſubſtituer : le fidéicommis n'indique point les reſſources que la ſubſtitution préſente, pendant qu'il fomente des inquiétudes légitimes ſur ſon événement, tout fidéicommiſſaire étant le maître de garder ; de ſorte que la balance de la ſubſtitution l'emportera toujours ſur celle du fidéi-commis.

XLI. Les biens incorporels appellés *Jus* ou *Droit*.

Les biens corporels n'ont changé, ni de nature, ni de régime ; meubles & immeubles, ils ont été en tout tems ſubordonnés à la propriété & à la poſſeſſion, dontla preſcription a mûri les fruits : les biens incorporels ont aucontraire ſouffert la variation des mœurs nationales ; objets de l'entendement, inviſibles aux ſens, ils tranſpirent au déhors, par une ſimple qualification ; les anciens lappelloient *Jus ;* nous le nommons *Droit :* on y comprend les hérédités ou ſucceſſions, les ſervitudes réelles ou perſonnelles, les obligations & les actions qui en dérivent : on a déja effleuré les ſervitudes ; elles ſe ſubſdiviſent en tant de branches, que le détail eſt plus du reſſort du compilateur que de la légiſlation. Les ſucceſſions & les obligations méritent d'autant plus de conſidérations, qu'elles menent préciſément aux actions : la plupart des Peuples du Continent les ont retenues des Romains, qui ne les avoient pas empruntées des Grecs.

Le Chapitre des ſucceſſions annonce la maniere la plus naturelle d'acquérir : cet axiôme coutumier, *le mort ſaiſit le vif*, regardoit à Rome le Citoyen mort ſans teſter, & nantiſſoit l'agnat le plus prochain : la Loi qui répandoit une ſorte de honte ſur la mémoire de l'inteſtat, reſpectoit à la fois les liens de la nature ; elle étoit jalouſe que les Romains euſſent une volonté en mourant ; mais elle ne puniſſoit pas leur ſilence, dans la perſonne des enfans ou des proches ; elle n'étouffoit pas la voie du ſang, en impoſant aux Citoyens la néceſſité de teſter : elle aimoit mieux enfin obéir aux dernieres diſpoſitions du mourant, que de commander à ſes intentions ; elles mettoient le ſceau à la dignité de ſa vie, & le teſtament étoit dans les préjugés de la République, XLII. Les ſucceſſions.

un acte plus solennel que celui du mariage ; de ce dernier, néanmoins, émanoit ordinairement le droit de succéder ; il a éprouvé l'altération des mœurs & des climats ; la plus grande est venue des Fiefs : le Grec & le Romain n'avoient jamais eu l'idée des héritages possédés noblement ; la Grece n'offroit que des Républiques populaires ; les Rois de Lacédémone n'avoient point de sujets ; les Dictateurs à Rome, malgré leur puissance & la cessation momentanée de toute Magistrature , n'étoient que des Citoyens pour parer la crise passagere de la République : le Plébéien s'estimoit autant que le Sénateur , & la moindre humiliation qu'il auroit éprouvée dans la jouissance de son héritage, eût blessé la fierté Romaine. Les Provinces conquises languissoient dans la servitude,

& les Peuples de l'Italie n'avoient aucun trait de vaſſalité ; c'eſt pourtant le droit univerſel, depuis que les Lombards ont envahi le patrimoine des Romains; il diſtribue autrement les parts que les enfans ou les parens ont à répéter dans les ſucceſſions, nobles ou roturieres, ſoit à raiſon de leur naiſſance, ſoit à raiſon des immeubles partageables entre cohéritiers.

XLIII. Conſidérées ſous le point de vue de l'acquiſition.

Les ſucceſſions, ſous le point de vue d'acquiſition, ne dépendent pas des uſages particuliers des Etats ; elles tranſportent la propriété ou de droit ou de fait; la maniere eſt indifférente, & la légiſlation univerſelle ne s'abaiſſe pas au détail, qui tient plutôt à la diſcipline, qu'à la régle immuable : le Droit civil eſt la diſcipline que chaque Gouvernement a ordonnée, frein ſalutaire, & propre à retenir la cupidité & à polir la rusticité: il a serré les nœuds de la société, & puisqu'il étoit indispensable de cantonner les hommes, le foible lien de l'amitié a eu besoin du secours de la prudence éclairée; l'intérêt & la conservation en ont inspirés les regles; l'avantage commun attaché à la propriété du *mien* & du *tien*, a réveillé les hommes, & ils en ont profité, en assurant de génération en génération, le bien des particuliers.

XLIV. Comment on engageoit son bien.

On a expliqué comment ils ils l'acquéroient, comment ils le transmettoient; il est à propos d'examiner comment ils l'engageoient; l'ordonnance de derniere volonté fut autrefois, comme aujourd'hui, si peu capable de disposer des biens irrévocablement, qu'elle est révoque par le moindre signe de volonté contraire: la donation n'éprouve pas, à la vérité, ce caprice; elle s'effectue même à l'instant de l'acceptation, & la double signature la consomme; mais elle part de la libéralité, & ne sçauroit être un engagement forcé; les legs, les fidéi-commis, les substitutions, se réferent aux donations; rien n'y décéle la contrainte; dons futurs, dons certains après la mort, ils ne sont ordinairement accompagnés, ni de conditions, ni d'entraves; la succession du testateur passe nûment ès mains des personnes qu'il en gratifia; elles ont la liberté de s'en déporter, surtout au cas que le testament fût chargé de clauses désagréables à exécuter.

XLV. Par obligations.

Il ne faut donc pas chercher dans ces actes l'origine de l'obligation, le plus important engagement chez les Grecs & chez les Romains : ils le définisſoient le nœud ſage de la loi, en vertu duquel on étoit aſtreint à payer ou faire quelque choſe, conformément au régime particulier de la ville, au milieu de laquelle on vivoit ; la définition ſeroit ſuſceptible de critique, en ce qu'elle ne caractériſe pas aſſez l'obligation en général ; mais la droiture, qu'elle dévoile, conduit au but de toute convention ; elle réunit & la promeſſe & l'exécution ; d'ailleurs la forme préparée par la loi civile, n'a été inventée que pour faire éclater la bonne foi, moins induſtrieuſe dans ſes expédiens, que la malice dans ſes replis. Depuis on a dû aux précautions de l'une, & aux ruſes de l'autre, les clauſes qui ont multiplié les formules des obligations : il y en a toujours eu de deux ſortes ; l'obligation proprement dite ; le contrat ; celle-là eſt la convention libre & franche; le premier mouvement de l'ame, *pactum nudum*, le pact ſimple, expreſſion ſymbolique de la vérité & de la candeur; point de témoins, point de Juge pour atteſter ou conſolider l'engagement réciproque, car la réciprocité en étoit la baſe; le ferment eût été preſqu'une injure entre perſonnes, qui n'avoient aucun motif intéreſſé de ſe lier, que la confiance guidoit, & qu'aucune peine n'enchaînoit; ce genre de conventions ſubſiſtera tant qu'il y aura des ames droites, & les exemples journaliers apprennent que la probité n'eſt point bannie de la ſociété: on remarque, avec ſatisfaction, que les marchés auxquels elle préſide ſont les plus ſtables, que la ſoif des richeſſes ne les altere point; le vil intérêt ne pouvant maîtriſer des hommes plus jaloux de garder la foi promiſe & acceptée, que de l'enfreindre ou l'éluder ; plus jaloux de leur parole, que du témoignage recherché du témoin ou de l'Officier.

XLVI. Par Contrat.

Le pact émanoit de la Loi Naturelle ; le contrat étoit le ſecours de la Civile ; ſa formule le déclaroit ; il exigeoit Juge & témoin : il a perdu ſon antique jargon, & celui qui le remplace ne l'a pas fait oublier abſolument : on ne dreſſe aucun contrat, qu'il n'invoque la religion du ſerment ; le Notaire ou l'Officier public le reçoit & y remplit la fonction de Juge ; il en avertit les Parties, y appelle deux témoins, pour valider l'engagement réciproque par leur ſignature ; ce ſtile inuſité pendant les ſiecles d'ignorance, a été adopté lorſque les Loix ont éclairé les Nations de l'Europe :

de là vient la qualité *honorable* que les Notaires ont mérité ede juges des familles ; le ſecret leur en eſt dépoſé , la confiance leur en eſt due, & l'authencité qu'ils diſtribuent enchaîne davantage les volontés.

XLVII. Différence entre le pact & le contrat.

Rien ne s'eſt jamais moins reſſemblé que le pact & le contrat ; le premier, n'a ni cauſe ni nom ; le ſecond eſt motivé, s'il n'a pas un nom certain, quoiqu'on puiſſe lui en appliquer un, eu égard à l'objet de la convention ; le nom engendroit l'action, & parce que le contrat en produiſoit, le contrat étoit cenſé en avoir un ; la cauſe, ſéparée du contrat dépendoit uniquement du cours de l'obligation, & ſoit qu'elle effectuât ſur le champ la tradition, ſoit qu'elle provoquât une ſtipulation plus éloignée, ſoit qu'elle attendît le conſentement ou les lettres qui le suppléoient quelquefois, son effet étoit consommé ; le nom du contrat ouvroit la route à son action particuliere, sa cause établissoit les preuves de la nature de l'action ; le nom prescrivoit comment il falloit diriger l'action & sa cause, le titre qui la soutenoit ; le nom représentoit la forme, & la cause, le fonds. Le pact, ni causé, ni nommé, n'entraînoit point d'actions, & cependant il a donné l'être aux contrats, qui ont fructifié, à mesure que la méfiance a gagné le terrein de la simplicité. Le contrat appellé *do ut des*, annonce la convention, en vertu de laquelle on accomplit réciproquement la tradition ; on la range parmi les contrats : au lieu que le mot *dabo ut des*, marque le *pact nud*, pour deux motifs : 1°. aucune cause ne le précede ; 2°. aucune tradition présente ou prochaine ne le détermine ; d'ailleurs la promesse de la chose future ne sçauroit être la matiere de contrat, malgré le consentement mutuel déja manifesté ; on ne dit pas que l'on donne ou que l'on réalise à l'instant ; on déclare seulement que l'on donnera ou que l'on fera dans la suite : or le futur étant toujours contingent, on n'est pas lié par l'événement que l'incertitude du moment laisseroit libre, attendu, en effet, que l'acquiescement réciproque éclate en même tems : c'est projeter l'engagement, & ignorer quand il aura lieu ; tout ce qui n'est qu'en idée, ne sçauroit participer à l'essence du contrat, qui consiste dans une opération extérieure des Parties, soit qu'il y ait tradition prompte, soit que la parole la prépare, soit qu'elle fixe l'époque de la réalisation :

le projetant à la faculté de se repentir, de rétrograder, d'oublier même s'il le veut, la promesse qu'il auroit prononcée imprudemment : le contractant est irrévocablement lié, & sa volonté libre de donner ou de faire avant, perd la facilité de répéter, de reprendre, dès qu'elle s'est expliquée: on a donc raison de conclure que le pact est l'entrave de la Loi Naturelle, le contrat de la Civile: l'une captive, en tant que la bonne foi a de force; l'autre en tant, que l'autorité inspire de crainte; la droiture est le flambeau de la Loi Naturelle; la peine, si on peut le dire, est la torche de la civile. Le poids du joug devint nécessaire, quand la vertu ne put réprimer les efforts des passions: la Loi naturelle, guide impuissant, n'offroit que des leçons à qui demandoit une barriere ; la Loi civile, maître ſage & juſte, eſt l'œil qui fait trembler, le bras qui fait exécuter ſansacception de perſonne ; elle protége le bien des particuliers, en veillant au bien général ; l'égalité & l'impartialité opérent la ſûreté & la durée des promeſſes ; elle ordonne, & ſes commandemens embraſſent tous les Individus ; elle menace, & ſa rigueur accelere l'exécution.

XLVIII. Quatre eſpeces de contrats.

On diviſe les contrats en quatre eſpeces ; la premiere, de ceux qui ſe conſomment par la tradition de la choſe ; la ſeconde, par paroles ; la troiſieme, par la ſignature des Parties ou de l'Officier ; la quatrieme, par le ſimple conſentement : tel eſt le tableau de l'univerſalité des contrats ; on en excepte ceux innomés, on les y pourroit aſſimiler, à cauſe de leur objet, qui eſt, ou la tradition actuelle, ou le ſimple fait ; mais il vaut mieux ne les y pas confondre, puiſqu'ils n'ont aucun trait des contrats ordinaires, & que l'obligation eſt accomplie, auſſitôt que prononcée.

XLIX. Contrat de vente. L'Empereur Juſtinien a placé à la tête des contrats nommés, la *vente*, le prêt, le dépôt & le gage, comme contrats de la ſociété les plus uſités : la vente, autrefois connue, ſous le nom d'échange, ſe traitoit ainſi chez les Romains ; le Citoyen cédoit au Citoyen la choſe qui lui appartenoit, pour le poids, meſure ou nombre, à quoi elle répondoit ; on étoit par cette cérémonie, nanti de la propriété de la choſe fungible, qui étoit ou le poids du métail, ou la meſure des denrées liquides ou ſolides, ou le nombre des fruits ; le terme fungible dénote davantage la conſommation, quoique les maiſons & les champs fuſſent réputés dans la clauſe des choſes auſſi aiſées à tranſporter, que le métail ou le produit de la culture : alors les uſuriers ne prêtoient pas l'argent, ils le peſoient ; leur conduite n'avoit encore rien de l'infâmie répandue depuis ſur l'uſure : le poids du métail déſignoit l'échange, le prêt du métail deshonora l'uſure. Plaute les différencie dans ſa Comédie : *Car ſi vous entendez échanger, je ne pourrai certainement ; mais je le prendrai à uſure.* L'échange n'avoit point de ſuite, elle ſe perfectionnoit, en rendant autant que l'on recevoit ; l'uſure bénéficioit au prêteur, à proportion du délai : l'échange étoit honnête, elle proſpéroit aux deux parties ; l'uſure ſecouroit la néceſſité & augmentoit ſes beſoins ; l'emprunteur trouvoit ſa ruine dans la circonſtance, & le prêteur ſon gain; l'échange gratuite obligeoit également; l'uſure intéreſſée écrâſoit preſque toujours le débiteur: la premiere, avoit plus d'affinité avec le dépôt; la ſeconde, avec le gage: toutes deux qualifiées de prêts, il étoit complaiſant dans l'échange, avare dans l'uſure; décent dans la premiere, odieux dans la ſeconde; facile & ſans regret dans ceux-là, contraint & opprimant dans celle-ci: l'échange enfin entretenoit la concorde parmi les Citoyens; l'uſure excita les plus violens orages & auroit bouleverſé la République la mieux organiſée, ſi la Dictature n'eût fréquemment appaiſé les troubles.

La poſtérité n'a point perdu la ſentence de Caton; on l'interrogeoit un jour, ſur ce qu'il penſoit des uſuriers: *ce que je penſe des aſſaſſins*, répondit-il;

*rien*, ajouta-t-il, *ne ſeroit ſi agréable que l'uſure, ſi elle ne creuſoit pas autant d'écueils ; rien de ſi attrayant, ſi elle n'invitoit pas à tant de cruautés ; rien de ſi ſecourable dans les criſes, ſi elle n'avoit pas une funeſte iſſue : nos prédéceſſeurs l'ont tellement déteſtée*, pourſuivit-il, *qu'ils condamnoient les voleurs à la reſtitution du double, & les uſuriers au quadruple ; témoignant par ce châtiment rigoureux, que le filou étoit à leurs yeux moins coupable que les uſuriers*. Le cœur Romain n'abjura point ce vice infâme, quoique les livres ayent paru le noircir ; l'uſure, née à Rome, fut toujours le péché favori de ſes habitans ; les cris de ceux qu'il précipita dans la pauvreté, furent étouffés par les fêtes que le peuple gagnoit aux dépenſes exceſſives des plus riches Citoyens; les ſpectacles ſembloient annoblir l'uſure. Depuis que les loix ont modéré le profit de l'argent & aliéné le fonds, elle eſt devenue légitime; ſes entraves ne gênent point dans le commerce; elle y joue le principal rôle, diminuant ou augmentant, à proportion des avantures de la mer, de la circulation facile ou difficile du papier; elle a encore dans ſes produits limités, l'avantage de fournir aux grandes villes les revenus que l'agriculture & les autres immeubles ne leur procureroient pas.

L. Le prêt & le dépôt.

Le prêt, ſeconde eſpece de contrats inconnus avant les Romains, avoit peu de regles; elle approche de l'échange, & les douze Table les avoient aſſimilées dans ſa formule: le dépôt, troiſième eſpèce, en remplit un chapitre; elles mulctoient du double; le dépoſitaire infidele dans le le temps, où la peine des grands crimes étoit l'amende, elles fixérent la restitution du double de la somme dissipée, en faisant marcher d'un pas égal le vol & l'abus du dépôt ; elles emprunterent des Grecs le châtiment qu'elles prononcerent ; ils imprimoient à leurs enfans une telle aversion des dépositaires fripons, qu'ils les persuadoient que les Dieux en abîmoient la race : souvent ils arrachoient les dépôts aux dépositaires convaincus d'avoir niés les dépôts qu'ils retenoient. On lit, dans les lettres de Pline, l'éloge magnifique qu'il fait des Chrétiens ; *ils s'obligent par serment*, écrivoit-t-il, *à ne fausser ni leur foi, ni les dépôts* ; l'abus de confiance paroissoit donc étrange aux Payens, puisqu'ils rendoient hommage à la fidélité des Chrétiens, & l'ignominie dont ils flétrissoient le mensonge de l'ami déloyal, le punissoit davantage, que la peine pécuniaire qu'ils imposoient au voleur.

LI. Le gage. Le Gage, quatrieme espece de contrat, s'annonçoit par la chose même : il avoit cela de particulier, qu'il restoit au prêteur, au cas que l'emprunteur ne pût le satisfaire à l'échéance, & il retournoit au débiteur, en acquittant sa promesse; il souffroit les conditions plus ou moins dures, les Tribunaux les ont mitigées dans la suite. La sincérité du débiteur, la sureté du Préteur sont balancées, la conduite examinée, & la comparaison décide ordinairement auquel le gage appartiendra, la bonne-foi devant sceller une pareille convention : l'analise de tous ces contrats confirme que la vente est le plus solennel, le plus sérieux, & que les autres en présentent des branches moins intéressantes.

On nommoit *ſtipulation*, les obligations qu'enfantoient les écrits: tous les biens en étoient ſuſceptibles; la racine Grecque & Romaine de ce terme ſubſtantif, ſi familier aujourd'hui, dénotoit la monnoie d'argent, comme la matiere univerſelle, ferme & ſtable dans tous les Gouvernemens; le mot a paſſé dans les langues vivantes, pour ſpécifier les conventions écrites; ſa généralité n'en eſt pas moins admiſe, parce que les métaux ſont les principaux mobiles du commerce de l'Univers, & que la ſtipulation pécuniaire a la ſolidité de la ſtipulation écrite; celle-ci étoit rare chez les Romains, qui concentroient la plupart de leurs obligations, dans la demande & la réponſe: cela n'empêchoit pas qu'ils ne ſe ſerviſſent du mot; ils enviſageoient

III. De la ſtipulation.

la chose, & non la maniere de la réclamer : maintenant que la parole n'oseroit s'armer du pouvoir qu'elle avoit sur les esprits Républicains, que l'intérêt désavoueroit peut-être le mouvement innocent de la sincérité, la stipulation est rédigée par écrit, & on n'en écoute point d'autre, afin que le soupçon ne fasse pas dépendre de la personne, le sort de la convention ; on risqueroit trop à déférer aux allégations. Anciennement elle n'étoit pas signée, le sceau ou le parafe suffisoient ; les Nobles ne sçavoient pas écrire ; les Clercs profiterent de leur ignorance, ils se concilierent à la fois la vénération due à leur caractere, & la confiance qu'ils mériterent par leurs connoissances : aujourd'hui la signature, ou la mention de l'impossibilité d'apposer son nom, valident les actes, canoniſent les ſtipulations: il y en avoit autrefois de labiales, elles ne ſont plus uſitées: les contrats de Mariage & autres actes importaus de la ſociété ont une forme inaltérable, tout au plus on ſuppléeroit à certaines clauſes, par les diſpoſitions des Coutumes, qui reglent ou l'état des enfans, ou le partage des ſucceſſions, ou les droits des terres: au reſte les ſtipulations légales remplaceroient foiblement les conventionnelles, où la volonté des contractans éclate davantage, & dont l'autenticité provient du miniſtere de l'Officier, qui imprime le ſceau & la ſignature. Néanmoins ces obligations renouvelées depuis le rétabliſſement des Lettres, n'ont été bien diſtinguées qu'au temps des Empereurs: ſous la République, les Juriſconſultes les confondoient avec celles qui ſe contractoient par paroles de préſent ; on n'aperçoit effectivement de différence, que dans l'objet de la promeſſe ; & comme la puiſſance publique n'entroit point alors dans les conventions des particuliers, ils les formoient à leur gré, & la préſence du tiers en aſſuroit quelquefois la vérité : deſorte que les obligations couchées ſur les Tablettes, étoient inſcrites uniquement du nom des aſſiſtans, & les parties n'y mettoient pas le leur : cet uſage dura pluſieurs ſiecles, les Empereurs Romains ne le détruiſirent pas ; on l'abondonna vers le regne de Juſtinien : au lieu de graver les noms des témoins ſur les Tablettes des créanciers, pour conſtater le titre de ceux-ci, on y traça ceux des débiteurs ; les Juriſconſultes ont interprété de la ſorte pluſieurs paſſages, dont le ſens paroit induire leur opinion : d'ailleurs il eſt naturel que le débiteur fourniſſe à ſon créancier le ſigne non équivoque de ſon engagement : depuis peu d'années, la ſignature ſeule inſcrite au bas du billet en blanc, ne valideroit pas la créance, il faut que le corps ſoit de l'écriture du débiteur, ou qu'il l'approuve ; l'événement le plus ſingulier en a inſpiré la ſage précaution. Toutes ces caſcades avoient enſeveli l'antique légiſlation Romaine, elle appuyoit la bonne-foi ſur la balance & la parole ; l'impéritie d'un côté, le poids de l'autre, avoient introduit cette façon prompte de contracter : on ne conçut pas enſuite qu'il fût poſſible de ſe tromper, lorſqu'on ſubſtitua à la balance, la note des Tablettes ; le nom du débiteur accompagnoit la ſomme, & la publicité qui en réſultoit, pourvoyoit & à la ſûreté du prêteur & à la ſimplicité du débiteur.

LIII. De la ſtipulation par lettres.

La ſtipulation par lettres ou écriture privée engageoit, pourvu que l'on employât les termes propres à cimenter l'engagement: la préſomption libéroit le débiteur, à moins que la voie publique ne ſecondât le créancier; trop d'exemples laſſerent & la complaiſance du prêteur & la ſincérité de l'emprunteur; on eut recours à l'expédient du billet, quon appella *Chirographe;* il expoſa la maniere dont on le conſtruiſoit; les tablettes du créancier le renfermoient, ſon texte n'étoit gueres plus étendu que le nôtre, uſité précédemment: cependant on y avoit tant de confiance, que pour s'y ſouſtraire, le débiteur étoit obligé d'affirmer que l'argent ne lui avoit pas été délivré; encore la vaine allégation ne l'eût-elle pas libéré, il devoit la prouver: la conviction étoit difficile, & le danger d'interroger des témoins a paru ſi grand, qu'on a fixé depuis la ſomme pour laquelle ils ſeroient entendus. Les Ordonnances Françoiſes ont diſtingué le Chirographe de l'acte notarié ; les ſcrupules légitimes que celui-ci feroit naître, malgré le caractere de l'Officier qui le rédige, ne ſeroient pas rejettés, au cas que le débiteur parvînt à inſpirer aux Juges des ſoupçons ſur la fourniture réelle des deniers : quand la clauſe de l'énumération des eſpeces ne ſe trouve pas dans le texte du contrat, la conſcience penche naturellement vers la libération, & la Juſtice qu'elle invoque, peut alors la ſeconder d'autant mieux, que rarement les Notaires oublient la phraſe eſſencielle, *compté, nombré & délivré à la vue, &c.* lorſqu'ils ſont nantis de l'argent fourni à l'emprunteur, leur témoignage consolide le prêt, & l'inscription de faux en administreroit l'unique remede.

LIV. Gradations des suretés dans les stipulations.

Observant maintenant la gradation des conventions humaines, on remarquera combien de siecles la bonne foi les a conduites, & combien les suretés ont multiplié en peu de temps. Le pact simple a duré tant que les richesses & le luxe n'ont pas corrompu les mœurs douces de la société : les promesses ratifiées devant les Juges ou les témoins, leur ont succédé ; l'usure en altérant la candeur, a aguerri le débiteur contre le créancier : le Chirographe n'a pas assoupi les querelles, ni ralenti la cupidité : l'infléxibilité du prêteur, les subterfuges de l'emprunteur ont également provoqué le recours à l'Officier public, dont on a ensuite exigé l'assertion, après avoir déterminé le taux de l'intérêt, que produisoit son ministere, en aliénant la somme, c'est-à-dire, en déférant au débiteur la faculté de rembourser le créancier.

LV. Contrat opéré par le consentement mutuel.

La derniere espece de contrats est celle qui provenoit du consentement mutuel, indépendant des paroles, indépendant des écrits: les Romains composoient cette classe des ventes & achats, des loyers, des sociétés & des mandats : la droiture y présidoit toujours ; elle n'influoit gueres aux échanges, aux dépôts, aux prêts, & autres contrats nommés ou innommés, provoqués en certaines circonstances, mais elle regloit les ventes consommées à l'instant ou censées telles, qu'il y eût ou non des arrhes données : on jugeoit alors qu'au cas qu'entre la convention & la tradition, il arrivât à l'effet vendu, dommage & dépérissement, l'acquéreur en étoit responsable, en vertu du consentement réciproque, prêté au moment de la vente; le bénéfice lui appartenoit par le même motif. L'intervalle ne devoit pas être long entre la parole & le payement; le délai eût engendré des intérêts : ils courent également aujourd'hui *ex morâ :* la soulte de partage, le contrat de mariage, & autres actes qui bonifient d'un côté, dédommagent l'autre côté par les intérêts, qu'il n'est pas nécessaire de demander; l'équité le persuaderoit au milieu du silence de la Loi : pourtant la maxime du droit naturel, *qu'il n'est pas permis de profiter du dommage d'autrui*, regardoit aussi les contrats que le consentement mutuel validoit; on ne balançoit pas à ordonner l'éviction; le détail des especes qui la subissent n'a point effrayé la plupart des Jurisconsultes ; leurs veilles ont prévu la multitude presqu'infinie de ventes & d'achats, dont les marchés pouvoient être anéantis ; la ruse, le dol, la fraude ont toujours ouvert une carriere vaste à la réclamation ; il est vrai que nos usages exigent des lettres du Prince & la sagacité des Tribunaux, de peur qu'en volant au secours de la Partie plaignante on ne lui prête des armes qui blesseroient la Partie souffrante : l'éviction, remede propre à guérir, n'a jamais dû l'être pour aggraver le mal.

LVI. Des loyers.

Outre la rente & l'achat, le consentement mutuel embrassoit les loyers des maisons à Rome, des terres à la campagne, des fermes publiques & particulieres. L'ordre des Chevaliers comptoit à la République du produit des biens de l'Etat ; ils les administrerent dès les premiers ſiecles ; leur qualité de Fermiers, non à tems, mais à vie, fut reſpectée ſous les Céſars. Le démembrement de l'Empire & la tranſlation les en dépouillerent ; ils ſe diſtribuerent en Europe & en Aſie ; ils ne perdirent ni le titre de Citoyens Romains, ni l'eſpoir de monter aux grades des Magiſtrats ; les Sous-fermiers, qu'ils multiplierent à proportion des conquêtes, étoient occupés au recouvrement, & jamais ne traiterent vis-à-vis la République, tant elle étoit jalouſe de n'admettre à ſon régime que des Citoyens. Ce fermage, ſans terme limité, malgré le renouvellement d'époque à époque, a préparé l'emphithéoſe : on diroit qu'elle ſuit la ligne parallele à la propriété, puiſqu'il n'eſt aucun jour de jouiſſance auquel elle puiſſe s'y confondre : pluſieurs ſiecles de pareille possession ne donneroient pas un moment de prescription : il eût été difficile d'imaginer une voie plus amie de la propriété ; elle en perpétue le germe, sous le voile de la tranquille jouissance ; les Romains ne s'en lasserent point, l'expérience la leur rendoit chere, & les Nations l'ont volontiers adoptée, peut être fructifieroit-ellle aux Domaines aliénés de la Couronne.

LVII. Du contrat social.

Le contrat de société, ou social, ressusciteroit la bonne foi, si les hommes pouvoient y renoncer; on la cacheroit envain sous le nuage, son rayon perceroit toujours: on ne le considere pas sous l'aspect que la brillante imagination lui a récemment attribué; on l'indiquera comme le signe de l'intime union de plusieurs Individus: le contrat qu'il formoit, soumettoit autrefois l'universalité des fortunes; on commettoit à la droiture des associés son patrimoine & ses droits, la franchise ne pouvoit être plus aveugle: maintenant que les écueils fréquens de la vie ont appris à ne pas se livrer inconsidérément à la probité, quelquefois peu éclairée, on circonscrit le terrein; la société a des regles qui, sans effleurer sa base, moderent sa course & la dirigent sagement. La communauté entre mari & femme en est l'image; le mari en dispose à sa volonté, mais il ne sçauroit engager sa femme au-delà de la somme énoncée dans le contrat de mariage: toute société doit avoir la même perspective; le profit l'encourage, mais la perte ruineroit la facilité des associés, s'il n'étoit pas possible d'en arrêter le cours, la dissolution devient indispensable, indépendamment des autres événemens, qui l'entraîneroient même au milieu des plus grands ſuccès.

LVIII. Pour le commerce de Mer.

On a parcouru rapidement les différentes branches des obligations & des ſtipulations : la Grece les avoit entrevues ; Rome les accumula : les biens, meubles & immeubles, corporels & incorporels, ſembloient en avoir épuiſé la ſource ; le commerce maritime en a introduit, que les anciens peuples n'avoient pas découvert ; à peine, naviguoit-on, juſqu'à la mer Rouge, du moins n'a-t-on pas aperçu le Cap de Bonne-Eſpérance, avant que les Hollandois l'euſſent doublé, & en le doublant, s'y fuſſent établis : la mer Noire voyoit peu de vaiſſeaux ſur ſes bords, & on ne préſume pas que les Romains euſſent connu la mer Caſpienne : les Indes Orientales & Occidentales ont ouvert, à la fois, des tréſors immenſes aux habitans de l'Europe; ces Compagnies franches, la mer Pacifique, leurs fructueuſes courſes, les préparatifs immenſes demandoient des avances encore plus conſidérables; un nouveau Code d'obligation a enrichi les peuples navigateurs; la droiture des aſſociés, la protection des Souverains ont inventé les ſtipulations de la Marine; les Etats ont canoniſé le plan des Compagnies de commerce, leurs réſultats ſont conſignés dans les pacts & les garanties; deſorte que leur conſervation fait actuellement une portion du droit public de l'Europe.

LIX. Des actions.

La Loi civile a préparé le lien propre à affermir la ſociété des hommes; les nœuds en ſont les actions. Au commencement ils vecurent errans & vagabons: habitans de là terre, ils ne la cultivoient pas; voltigeant de contrées en contrées, ils ne ſe fixoient pas; étrangers au milieu de leurs ſemblables, ils ne ſe familiariſoient pas; à peine les familles en multipliant les générations reſtoient-elles unies. Les premieres peuplades ſubirent le joug de la violence; elle vint à bout par la force de ce que le ſoin de la conſervation auroit dû obtenir de la volonté. Peut-être que la diverſité des langues entretint longtems la ſéparation des mortels; les eſſains chaſſés de l'Aſie, ou aborderent les îles de la Méditerranée, ou gagnerent les côtes de l'Europe; leurs Conducteurs moins bruts, manifeſterent quelques étincelles de raiſon, & les communiquerent par l'invention des Arts néceſſaires; l'Agriculture, l'Architecture, les Forges précéderent les Arts utiles ; ces Chefs adoucirent lentement des têtes que le climat n'aidoit pas à policer ; ils les enſeignerent, & attribuerent aux Dieux les leçons qu'ils leur donnerent ; ils les accoutumerent au travail & à la navigation ; le commerce les éveilla, le bandeau ſe déchira, & l'amour-propre qui remue le cœur, deſſilla les yeux de l'eſprit. Les Philoſophes naquirent : ils allerent chercher la lumiere où elle avoit commencé à éclairer l'humanité ; les ſectes qu'ils formerent échaufferent la ſociété par l'étude de la morale. Les génies Légiſlateurs proportionnerent leurs Réglemens aux mœurs qu'ils avoient à eſpérer. Sparte & Athênes furent les modeles de la licence ou de la ſévérité du gouvernement : Rome participa de l'une & de l'autre ; la tribune aux harangues retraçoit les aſſemblées d'Athènes ; & l'intérieur des familles ; la rigueur de Lacédemone : l'amour de la Patrie entretint la liberté des Comices, & la puissance paternelle contint sous le joug dur les individus qu'elle dominoit. Cette comparaison de la Grece & de Rome dévoila l'inutilité dont auroient été la plupart des actions chez les Grecs ; & les succès qu'elles avoient chez les Romains, loin d'altérer le régime primitif de la République, elles l'appuyerent & le soutinrent jusqu'au despotisme des Empereurs.

IX. Propres aux seuls Regnicoles.

On a déja montré ce qu'étoient les personnes à Rome, leur patrimoine, les prérogatives du Citoyen, sa volonté absolue, & dans le sein de sa famille, & dans l'administration de ses biens ; elle eût précipité la chute de l'Etat, si elle n'eût pas été resserrée à mesure que l'on en sentit les inconvéniens. Les Magiſtrats perſuadés que la liberté des Romains dégénéroit ſouvent en licence par les actions, la plupart portoient le nom de leurs Autheurs, & les Préteurs, Juges conſtitués de la Ville, s'occuperent pluſieurs ſiecles de l'ouvrage qui a le plus coûté à la ſageſſe humaine, & qui ſubſiſte encor malgré l'obſcurciſſement des années d'ignorance & de barbarie. Les Nations aſſiſes ſur les debris de l'Empire Romain en ont reſſuſcité la Juriſprudence ; elles ont diſtingué les conditions & les perſonnes, le ſupérieur & l'inférieur ; tous ſujets les connoiſſent & fortifient l'obéiſſance ; elles ont exclu les étrangers, à moins qu'ils n'obtinſſent lettres de naturalité, ou que les traités de réciprocité ne rendiſſent les loix communes d'Etat en Etats : propriétés, poſſeſſion, obligations, ſtipulations ſont l'apanage des regnicoles ; il eſt naturel de déſigner les membres avant de leur aſſigner les profits de la ſociété : chaque puiſſance en accorde plus ou moins, ſuivant la conſtitution, & chaque individu a la faculté d'en jouir ou d'y renoncer en vivant ſous la main du Souverain, ou en s'expatriant. Le ſéjour ou la retraite procurant ou interdiſant le bénéfice de la légiſlation ; les actions annoncent ce bénéfice que l'on n'invoque qu'en reconnoiſſant la loi du pays, qu'en accompliſſant promptement ce qu'elle commande, qu'en recourant ſans ceſſe à ſa protection : voila le fil qu'il n'eſt permis ni de détourner, ni de couper ; d'ailleurs elle ſeroit impuiſſante ou ſuperflue, ſi elle ne preſcrivoit pas la maniere d'obéir à ſes commandemens ; fil néceſſaire qui conduit ſurement au milieu des piéges, que tend la malice des hommes, dont l'intérêt ſingulier oppoſeroit fréquemment des entraves à la ſageſſe des réglemens publics ; ſource unique du calme & de la félicité ; route facile que les actions ouvrent & qu'il faut maintenant parcourir.

LXI. Leur nom & leur cauſe.

Les actions avoient à Rome cauſe & Juge ; il y étoit défendu d'intenter une action qu'elle n'eût motif légitime, & pourſuivie devant le Tribunal déſigné aux Citoyens : il étoit public & particulier. Le particulier fut d'abord le Roi ; le Conſul enſuite ; enfin, le Préteur. Denis d'Halicarnaſſe nous l'expoſe : *Autrefois*, dit il, *ſous la Monarchie*, *les procès étoient vuidés par les Rois : leurs fonctions*, ajoute-t-il, *conſiſtoient à garder les Reglemens & les Coutumes de la Patrie, à veiller à l'obſervation du droit que dicte la Nature*,

*ture*, & *à la manutention des Pacts & des douze Tables*. L'extinction de la Monarchie transféra aux Consuls la Jurisdiction; Denis d'Halicarnasse nous l'apprend: *Le pouvoir des Rois ayant passé aux Consuls annuels; des attributs attachés à la Principauté, ils recueillirent celui de juger les Romains; desorte qu'ils partagerent leurs occupations eutre les affaires de la République & les querelles des Citoyens*. Tite-Live le confirme du Consul Appius Claudius: *Cette même Jurisdiction*, remarque-t-il, *compete aux Magistrats qui remplacerent de tems en tems les Consuls, tels que les Décemvirs, les Tribuns militaires & les Dictateurs*; tant la Majesté du Trône & celle de la République successivement, furent jalouses de la Justice distributive, loin de la dédaigner: les expéditions fréquentes hors d'Italie obligeant les Consuls à quitter Rome, même au-delà du terme de leur magistrature, les Préteurs se chargerent de les substituer vers le quatrieme siecle de la République; & si les Ediles y concoururent, leur inspection n'embrassa jamais que les objets rélatifs à la police de la ville; les spectacles & autres fêtes excitoient des rixes qui ne devoient pas sortir de leur département. Les Proconsuls, les Propréteurs, les Présidens des Provinces y représenterent les Préteurs de Rome; tandis que les Officiers municipaux, choisis parmi les habitans des lieux, soit en Italie, soit dans les pays conquis, y exerçoient le degré inférieur; souvent ils concilioient les disputes & évitoient aux Magistrats Romains la peine de les terminer: leurs fonctions éloignées de Rome, les appliquoient d'avantage au recouvrement des deniers publics & à la discipline de légions répandues en Asie & en Europe.

LXII. Distinction du pouvoir & de la Jurisdiction.

On ne suivra pas les Jurisconsultes Romains dans la distinction plus curieuse qu'utile, du pouvoir & de la Jurisdiction: la Jurisdiction caractérisoit, à la vérité, la portion d'autorité que les Loix déféroient aux Magistrats & non la Magistrature; le pouvoir développoit l'étendue de la Magistrature & non son exercice: il falloit que le Magistrat fût revêtu du pouvoir, afin de décider les différends des particuliers; mais il falloit qu'il connût de ces différends, pour manifester son pouvoir: ainsi le pouvoir dévoiloit la compétence, & la Jurisdiction, son effet: il seroit difficile qu'ils subsistassent l'un sans l'autre; & la différence est tellement insensible, qu'on n'y aperçoit gueres de réalité; cependant les Commentateurs ont imaginé qu'il étoit facile de les diviser, & que la plupart des Magistratures à Rome avoient plus de pouvoir que de Jurisdiction. Loin de combattre leur opinion, je la rapporte pour déclarer qu'elle n'a point d'application au systême moderne; que les Tribunaux ordinaires cumulent le pouvoir & la Jurisdiction; qu'eux seuls les doivent réunir; qu'au moins les Etats de l'Europe ont un droit civil qui les leur départit; & pour retenir que les principales Magistratures à Rome concentroient le pouvoir accordé à des Chefs par la République; qu'ils les recevoient avec les cérémonies augurales; que plus il étoit court, plus il avoit d'appareil extérieur; que le Sénat ou le peuple l'éclipſoient en certaines circonſtances,& le faiſoient ceſſer en d'autres ; conſéquemment qu'ils n'avoient que l'emblême du pouvoir à eux confié par l'une ou l'autre aſſemblée, unique & véritable centre de la Puiſſance abſolue : là effectivement on diſcutoit & on jugeoit les affaires publiques ; le Sénat offrant aux yeux la majeſté du gouvernement, & le peuple ſa Puiſſance : le Sénat écoutoit les étrangers, arrangeoit les délibérations de la guerre & de la paix, veilloit à la conduite des Magiſtrats qui ſortoient de ſon ſein, entretenoit la correſpondance avec ceux envoyés dans les Provinces, & formoit le premier degré de l'adminiſtration : tandis que le Peuple gardoit la légiſlation, la punition des crimes graves & la récompenſe des illuſtres Citoyens ; ils triomphoient par lui ; ils montoient aux charges par ſon choix : les Candidats, les accuſés vêtus différemment ſollicitoient également ſon ſuffrage ; il honoroit, il corrigeoit, il châtioit le Romain vicieux, imprudent ou coupable. L'égalité aux Comices faiſoit diſparoître le faſte particulier ; & les Héros de Rome, les Conquérans du monde rentroient dans leur Tribu, pour y voter dans l'obſcurité, & néanmoins dans l'enceinte de la Puiſſance rédoutable qui donnoit & confirmoit les Loix à promulguer.

LXIII. Formules du Preteur.

Il n'eût pas été poſſible d'y attirer les conteſtations des familles ; la vie des Citoyens, comptables à la République de leurs jours, y étoit préſervée de la fureur & de la malice des ennemis : à l'égard des procès particuliers, abandonnés d'abord aux

Magiſtrats, ils furent enſuite l'occupation eſſentielle du Préteur : auſſi-tôt il diſtribua ſes jours & afficha ſes formules ; celles des douze Tables qu'il adopta étoient aſſez laconiques ; *do*, *dico*, *addico ;* cette gradation de ſyllabes renfermoit ſa compétence : je *donne* ou *j'accorde*, je *dis* ou je *prononce ; j'adjuge* ou je *confirme* : trois termes impératifs qui fixoient les matieres, le tems l'exécution & le lieu contentieux. Il ſeroit inutile de paraphraſer ces quatre objets.

LXIV. Néceſſité de la cauſe de l'action.

Le Tribunal certain, l'action ne pouvoit être dirigée ſans cauſe ; le premier pas qui l'annonçoit, appelloit l'adverſaire devant le Juge : deux moyens arrêtoient la chaleur du demandeur ; le premier, étoit un délai de neuf jours ; le deuxieme, la démarche empreſſée d'un tiers auprès de la partie plaignante ; ſouvent le délai opéroit, & le ſilence de l'acteur au bout du terme, déclaroit ſon déſiſtement; ſouvent auſſi l'office d'ami réuſſiſſoit & anéantiſſoit l'action: l'inutilité de l'un ou de l'autre obligeoit le défendeur de comparoître devant le Juge au jour indiqué, & d'y accompagner l'acteur; au cas qu'il refuſât de ſe montrer, les voiſins étoient invités d'atteſter la vérité du refus, & leur témoignage autoriſoit le demandeur à uſer de violence pour contraindre le défendeur de paroître au Tribunal. Telle fut la rigueur fructueuſe des premieres procédures à Rome, qu'il étoit permis de traîner aux Comices le malade ou le viellard attaché ſur un cheval; de les lier, même de les garoter impitoyablement: les douze Tables le diſent formellement.

LXV. Procédure

D'un côté, la fierté Romaine

eût été blessée du spectacle qu'elle auroit donné à la multitude, si elle eût souffert ces extrémités, qui se ressentoient de la rudesse du berceau de Rome; de l'autre l'impunité auroit trouvé des ressources dans la complaisance ou dans la douceur du peuple policé. Le Citoyen en profitoit rarement; le deshonneur eut plus de pouvoir que la sévérité de la Loi: elle ne fut pas pratiquée long-tems; les exceptions se multiplierent; l'indigence en enfanta de toutes les especes; l'inflexibilité du créancier s'émoussoit au milieu de ce dédale; le corps des débiteurs, en écrasant celui des créanciers, avoit presque bouleversé la République: la foiblesse ne rendit pas le calme; il fallut renoncer à la violence: bientôt on dispensa grand nombre de personnes d'ester en Justice. D'abord

des douze Tables.

les Matrones, à cauſe de la vénération de leur ſervice ; les aſcendans & parens, à cauſe du degré de proximité ; les Patrons, à cauſe du reſpect de leur ancienne autorité, ſous laquelle on retomboit quelquefois. On fut enſuite obligé de ſolliciter la permiſſion du Juge pour appeller devant lui, & ſurtout pour entrer dans les maiſons dont la ſainteté auroit été ſouillée & la ſureté violée, ſi on les eût forcées. Les Dieux Pénates y repoſoient conſtamment ; & les effigies des Ancêtres n'y euſſent pas été à l'abri des inſultes de la populace. Cependant lorſque le débiteur s'opiniâtroit à ne pas ſortir ou à fermer ſa porte aux ordres de la Juſtice, elle ne commandoit pas de l'arracher de la maiſon, mais la ſaiſie des biens le contraignoit à la quitter. Poſtérieurement à ces tentatives, ſouvent infructueuſes, l'indulgence ſeconda l'obſtination du débiteur ; on toléra qu'il eût un défenſeur qui s'offrît de le repréſenter & de répondre à la demande, au cas que la conciliation fût impraticable : car il importoit à la choſe publique de ne pas détourner les Citoyens de l'adminiſtration ; que la haine ou la vengeance n'aliénaſſent pas les eſprits, & que la jalouſie des deux ordres de l'Etat ne profitât pas de ces étincelles trop fréquentes. Le demandeur, accompagné du défendeur, lui communiquoit le ſujet de l'action qu'il entendoit pourſuivre. Plaute l'atteſte quelque part : *Marchons au Tribunal : Pourquoi m'y traduiſez-vous ? Je vous l'expliquerai devant le Juge ; mais allons toujours devant le Juge.* La clameur de Haro, en Normandie, a de la reſſemblance avec cette antique & brusque procédure ; il est impossible de reculer vis à-vis la clameur du Haro & l'on vuide à l'instant en présence du Juge le motif subit qui a provoqué le clame de Haro.

LXVI. Compétence du Juge.

On avoit raison de ne dévoiler que devant le Juge la cause de son action ; 1°. le Préteur ne connoissoit pas de tous les différends des Citoyens ; il étoit nécessaire de sçavoir si la demande étoit de sa compétence ; 2°. la formule de la demande étoit dans la Loi que l'on vouloit invoquer ; on devoit la répéter devant le Juge, afin d'éviter toute variation ; 3°. Le Préteur cumuloit à la fois, & le ministère de la Justice, & son témoignage ; on ne pouvoit en employer d'autres : trois raisons qu requéroient sa présence. Au premier interrogatoire, le Préteur constitué Juge, le Demandeur expoſoit ſa prétention ; cela ſe nommoit *poſtuler :* la poſtulation ne l'identifioit pas tellement en la perſonne du Demandeur, qu'il ne lui fût loiſible d'en choiſir une autre plus inſtruite & plus éclairée ; & au cas qu'il n'en trouvât pas, le Juge en adminiſtroit ; ils ſe nommoient *Advocati* , Avocats appellés à la défenſe des Citoyens, à l'ignorance & à l'impéritie deſquels ils ſuppléoient : les Tribunaux ont conſervé cette méthode ; outre les Procureurs poſtulans, qui inſtruiſent ſous les yeux des Juges les Procès, l'ordre des Avocats forme un Corps de Sujets diſtingués, qui y prêtent leurs talens & leur doctrine aux Parties, la plupart incapables de plaider leurs cauſes : les Juges pleins de confiance en leurs lumieres & leur probité, leur accordent volontiers l'eſtime & la considération dont les Plaideurs, profitent dans les discussions importantes de leurs prétentions respectives.

LXVII. Démarche du défenseur. La demande expliquée, le Défendeur sollicitoit le délai nécessaire à sa préparation ; il l'obtenoit sous la condition de donner caution, qui le représenteroit au terme indiqué : le jour venu la caution paroissoit, ou seule, ou avec le Défendeur ; au premier cas elle acquéroit la garantie sur le bien du Défendeur ; au second elle étoit déchargée, & le Défendeur entroit en lice vis-à-vis le Demandeur ; le combat duroit peu ; il aboutissoit à vérifier le fait allégué & contesté : les formules antiques le démontrent. Quelle autre genre de dispute en effet eût pu diviser les Habitans de la plus étroite enceinte ? Ils n'avoient point de notions de la substance des Actes ; les Témoins, ſeuls dépoſitaires des promeſſes réciproques, n'étoient pas éloignés ; vécuſſent-ils à la campagne, leurs chaumieres entouroient les murailles ; ils étoient obligés de vaquer, à la Ville les jours de marché, pour aſſiſter au champ de Mars : la République de Geneve retrace dans ſon étendue, les premieres limites de la Romaine.

LXVIII. Importance des actions.

Au reſte, ces crépuſcules de la procédure à Rome ſubſiſterent autant que ſa frugalité. Les richeſſes les diſſiperent, les actions pullulerent avec les fortunes : elles ne préſenterent plus des queſtions legéres, des pacts nuds ; elles manifeſterent des poſſeſſions immenſes, des conventions ſérieuſes ; les conteſtations vives & graves annonçoient que leurs Auteurs commandoient à l'Univers ; que le Juge Pédané, au commencement, avoit la pompe du

Tribunal le plus auguſte ; le Sénat même ne s'abbaiſſoit pas en prononçant ſur les querelles des Particuliers, membres ou non de ſa compagnie, il ſuffiſoit qu'ils fuſſent Citoyens & qu'ils reclamaſſent la Juſtice.

LXIX. Diviſion des actions. La premiere diviſion des actions fut la réelle & la perſonnelle : autrefois la réelle comprenoit le meuble & l'immeuble ; l'immeuble étoit médiocre, & le meuble conſiſtoit principalement en eſclaves : on a feint depuis une action mixte, & elle a détaché le mobilier de la réelle. Ce triple aſpect eſt aujourd'hui le fondement de l'univerſalité des demandes : on en examine d'abord le genre : donnent - elles lieu à l'action purement réelle, purement perſonnelle ou à la mixte ? d 'elles coule en quelque ſorte la compétence des Tribunaux ; néanmoins il eſt conſtant que le Tribunal ordinaire, en France, n'eſt incompétent ſur aucune eſpece de demande reguliere, & il ne le devient qu'accidentellement & par dérogation ſinguliere. La queſtion du domicile arrête ſouvent au premier cran ; elle eſt d'autant plus eſſentielle que l'axiôme trivial de droit en fait un précepte. On n'eſt ordinairement pas plus d'accord ſur la nature de l'action ; la mixte provoque des débats opiniâtres ; il ſembleroit que depuis qu'on l'agite, on auroit dû conſacrer des maximes inaltérables, au flambeau deſquelles on démêleroit facilement ſon eſſence & la juriſdiction ; mais graces aux réplis de la chicane, dans leſquels on l'enveloppe à deſſein : la matiere aiſée à creuſer devient la reſſource abondante des plaideurs infatigables.

Après la confection des douze LXX. Réelles.

Tables, les actions réelles furent introduites par la Loi civile, les Edits des Préteurs, le droit nommé *honoraire*, trois sources fecondes qui ont amplement abreuvés les Commentateurs. Cinq actions réelles émanoient du droit civil; la premiere, étoit la réclamation d'une chose; la deuxieme, la répétition de l'hérédité; la troisieme, l'action utile à la chose; la quatrieme, la confession, & la cinquieme, la négation de la chose. On n'étoit pas libre de réclamer, qu'il ne fût constant auparavant, que la chose appartenoit à l'une des Parties, ou qu'on ne fût convenu laquelle devoit garder ou répéter. Le Possesseur paroissoit-il douteux, on demandoit au Préteur lettre de possession, afin ou de l'acquérir, ou de la recouvrer, ou enfin d'être réintégré contre la voie de fait; car malgré que l'exception fût accueillie à l'allégation de la véritable violence, les Romains étoient autorisés à se plaindre du moindre signe qui le déclaroit dans les paroles, dans les gestes en présence du Juge. Réclamoit-on l'Esclave ? On revendiquoit sa possession en le menant au Juge, ou en mettant la main sur lui, avec ces mots, *cet homme est à moi, en vertu du droit* Quiritium, *& je demande qu'il m'en soit donné acte.* Le silence de l'Adversaire, où son consentement invitoient le Préteur à adjuger l'Esclave provisoirement & jusqu'à ce que les Parties eussent disputé. Au cas que l'Adversaire, répondît, *& moi je dis que cet homme est à moi : je demande qu'il me reste, le Préteur prononçoit : Je donnerai l'Esclave à celui qui ne le veut posséder ni forcément, ni clandestinement,* *ni précairement.* Semblable réclamation n'eſt plus d'uſage, non parce que les Eſclaves ſon fort rares en Europe, mais parce qu'ils tomberoient dans la claſſe des meubles, & que le mobilier ne provoque point l'action réelle; elle milite uniquement pour les fonds, encore faut-il qu'il n'y ait pas de nuance de perſonnalité: à l'égard de la formule des lettres, loin d'être abrogée, elle ſubſiſte dans pluſieurs tribunaux inférieurs, ſurtout ceux qui remplacent avantageuſement le banc du Préteur.

LXXI. A l'égard de la poſſeſſion.

La poſſeſſion des fonds avoit ſon cérémonial; on étendoit la main deſſus, & quand la glebe, par ſa diſtance, empêchoit le tranſport du Juge, on en enlevoit une motte que l'on ſerroit dans la main. Les douze Tables avoient ordonné que le Juge viſiteroit le champ contentieux,

& qu'à sa vue les Parties y baisseroient la main. Les conquêtes des Romains abolirent la cérémonie. Le Préteur eût voyagé sans cesse, & ses courses infinies n'auroient pas suffi aux contestations possessoires, que chaque jour faisoit éclore : les Jurisconsultes y suppléérent par l'expédient répété dans les livres & à la forme duquel les Loix modernes ont changé quelque chose : le Préteur interpelloit de la sorte le Demandeur ; *le fonds qui*, par exemple, *confine le territoire des Sabins, je dis, qu'il est à moi par le droit* Quiritium ; *ainsi, par le même droit, je te somme d'y avoir la main placée :* si l'Adversaire acquiescoit à l'interrogatoire, le Préteur accordoit la possession au Réclamant ; & si l'Adversaire s'opposoit, le Réclamant répliquoit au Préteur : *puisque vous m'avez interpellé d'apuyer la main sur le fonds que je repete, je vous somme de le reconnoître.* Le Préteur adressoit ensuite ces paroles aux deux Parties, en face de Témoins : *Je vous ouvre cette voie, marchez-y.* Cela signifioit qu'ils devoient partir pour l'héritage contesté, escorté des Témoins, y arracher des brins d'herbes ou autres signes de la culture, afin de justifier respectivement leurs premieres démarches ; comparoître de nouveau au Tribunal du Préteur, qui les rappelloit par l'expression, *revenez :* & les ayant entendus, supposé qu'il découvrît que l'un des deux avoit souffert violence, il se tournoit du côté de celui qui l'avoit employée, & lui disoit : *puisque vous avez conduit violemment votre adversaire, qui ne possédoit ni par force, ni par fraude, ni sous le nom d'autrui : je vous ordonne de lui restituer le fonds disputé entre vous :* décision juste élegamment canonisée dans l'Oraison de Cicéron pour Muréna.

LXXII. A l'égard de la propriété.

La possession adjugée, la Partie qui avoit succombé entâmoit la question de la propriété. Il seroit étranger, au but que l'on s'est proposé, de retracer ici la route qu'on observoit ; elle est d'ailleurs abandonnée depuis tant de siecles, que la curiosité même n'en supporteroit pas volontiers le détail : la sécheresse de la matiere, la variation des regles & des formules rebuteroient & réfroidiroient l'attention : on remarquera seulement, que l'on a repris l'usage des Romains, qui faisoient précédér le pétitoire, par le possessoire : celui-ci, étayé de témoins & de titres ; celui là, de titres produits, s'établissent sans aucune influence de l'une sur l'autre : il seroit effectivement injuste de dépouiller le possesseur à l'inspection de titres susceptibles de contredits, tandis qu'il en articule un, auquel il n'y a point de replique, qui est sa jouissance au moment qu'on l'attaque ; sauf, à la vérité, la restitution des fruits intermédiaires au propriétaire confirmé, la restitution étant le légitime dédommagement de l'infidélité du possesseur.

LXXIII. Autres actions Civiles.

Les quatre autres actions Civiles ne différoient, ni dans les principes, ni dans les formules : qu'elles envisageassent les biens corporels ou incorporels, elles frappoient également la possession & la propriété des choses particulieres, qui marquoient leur dénomination ; elles ne confondoient jamais le possessoire & le pétitoire ; & soit que l'on prétendît des droits utiles sur un héritage, soit que l'on confessât ceux d'un autre, soit que l'on niât

niât qu'il en eût, ſoit enfin que l'on provoquât le partage d'hérédité, ou que l'on réclamât des ſervitudes, on n'y arrivoit que par le double canal de la poſſeſſion & de la propriété. Cette tige commune a pouſſé les branches que la Loi civile a arrangées: attentive à affermir l'avantage du mien & du tien, elle eſt l'ennemie irréconciliable de l'uſurpation & de la violence: le ſuccès dépendoit du concours égal de la poſſeſſion & de la propriété; la moindre complaiſance eût replongé les ſociétés dans la confuſion: on n'en excepta aucune eſpece de biens; le meuble & l'immeuble circulent à l'abri de cette protection conſtante, & les biens corporels ont attirés les incorporels.

LXXIV. Actions prétoriennes.

De ceux-ci dériverent les actions Prétoriennes; elles étoient des fictions du droit. Le Préteur

Publicius, contemporain de Cicéron, inventa la premiere ; elle regardoit les effets prêtés de bonne-foi, mais perdus, avant d'en uſer. On feignit qu'ils avoient été employés par ceux qui en pouvoient diſpoſer, & on en conclut qu'ils n'avoient jamais appartenus au Poſſeſſeur, aux mains duquel ils ſembloient avoir paſſés. Le texte rapporté contient l'exception : *Je prétends que cette choſe que tu poſſedes eſt à moi, parce que je l'ai achetée valablement de N...... & qu'il me la remiſe de bonne-foi.* On appercevroit plus de ſimplicité dans cette fiction que d'équité ; car ou la maladie, ou l'imprudence du Poſſeſſeur avoient égaré la choſe. Cauſe ou prétexte : le tranſport étoit effectué par la tradition, le recours à la fiction ne paroiſſoit pas juſte ; & aujourd'hui on a raiſon d'examiner les circonſtances dans leſquelles ſe rencontrent le prêteur & l'emprunteur ; on préfere l'axiôme *res perit Domino* ; la choſe périt au Propriétaire : or, la tradition déſignant le Propriétaire, la choſe livrée n'appartient plus au Vendeur, mais à l'Acquéreur, qui doit la perdre même avant de s'en ſervir : la fiction étant toujours le maſque de la réalité, & ne devant par conſéquent point l'emporter ſur elle.

A l'égard des actions reſciſoires & préjudiciales introduites par le Préteur, leur utilité les a préſervées de la dent meurtriere du tems : celles-là banniſſoient le dol & la fraude des conventions : celles-ci mettoient les Citoyens à l'abri de toute violence, les premieres coupées en autant de ſentiers qu'il naît de circonſtances favorables à la reſ- LXXV. Reſciſoires & préjudiciales.

titution, ont ſingulierement attaché les Juriſconſultes & les Commentateurs ; les ſecondes réſervées aux perſonnes offenſées étoient plus fréquentes chez les Romains, flattés du phantôme de liberté, même ſous les Empereurs, qu'elles ne le paroiſſent maintenant : elles avoient une triple perſpective ; la perſonne & ſon état, la liberté & ſes avantages, la cité & ſes prérogatives. La perſonne étoit Ingénu ou Affranchi: quoique l'Affranchi devînt libre, il ne gagnoit jamais l'ingénuité ; l'Ingenu pouvoit éprouver l'eſclavage, mais l'affranchiſſement lui rendoit ordinairement l'ingénuité : on ſuppoſoit que l'ingénuité, caractere ineffaçable, dormoit pendant les ténébres de la ſervitude : une fois réveillée, le Citoyen faiſoit valoir l'action préjudiciale, lorſque l'on lui diſputoit ſon ingénuité. La liberté pouvoit éprouver deux ſecouſſes ; ou l'Eſclave obtenoit la liberté, ou il la perdoit ; converſion ou retour, qui ſouvent donnoient lieu à l'action préjudiciale : les douze Tables en ont frayé la route ; elles inclinerent plutôt vers la liberté que vers la ſervitude, enſorte que là poſſeſſion de l'Eſclave réclamé, étoit adjugée proviſoirement au Citoyen, qui le ſoutenoit libre : la guerre affoibliſſoit la République ; elle eut dédaigné les troupes étrangeres : le Champ de Mars lui recrutoit ſes Légions ; la ville avoit eu l'obligation à la liberté qu'elle offroit en naiſſant à la jeuneſſe voiſine, de ſes progrès & de ſa grandeur ; elle avoit recompenſé du droit de Cité, le ſacrifice de ſes nouveaux Citoyens ; l'action préjudiciale le confirmoit, elle en conſervoit l'honneur & les attributs : les douze Tables ne les oublierent point, outre la légitimité qu'elles protégeoient, en assignant des prix à la population, elles augmentoient les habitans de Rome ; elles décoroient le mariage des prérogatives les plus attrayantes ; elles furent rédigées dans une conjoncture où les Romains, dégoûtés de l'union conjugale, procréoient peu d'enfans légitimes : la République même, au faîte de la gloire, ne négligea point ce reglement des douze Tables, convaincue que la naissance dans l'enceinte de la ville, échauffoit cet amour héroïque de la Patrie, ainsi que le respect filial, dont son histoire offre des exemples nombreux & admirables.

LXXVI. Personnelles. Les actions personnelles, renfermées dans cette unique expression, *condictio*, provenoient de trois causes ; l'équité, la convention, la mauvaiſe volonté. Leurs formules n'avoient aucun rapport à celles des actions réelles : la choſe d'un côté, la perſonne de l'autre, produiſoient l'action : conteſtoit-on la propriété d'un fonds, d'un meuble, l'action réelle étoit employée ; interrogeoit-on, engageoit-on, pourſuivoit-on une perſonne, la perſonnelle étoit invoquée ; s'agiſſoit-il d'exécuter un pact, le demandeur diſoit : *Je ſoutiens qu'il faut que tu me donnes cent as, en vertu de l'échange, du dépôt ou du prêt, que je t'ai confié* ; la perſonne étoit interpellée ; le pact raproché & reproché : *Je ſoutiens que tu dois me faire délivrer telle ſomme, en vertu de la convention du loyer ou du fermage* : la partie traduite devant le Juge, on exhiboit la convention, le loyer, le fermage, & ces pieces dépoſoient contre la perſonne : le défendeur ou nioit qu'il eût promis, ou prétextoit le dol, la foibleſſe de l'âge, &c. on recouroit aux témoins, & leur ſuffrage portoit la conviction de la demande ou de la défenſe.

LXXVII. Affinité entre les réelles & perſonnelles.

Malgré la différence évidente des formules, en la pourſuite des actions réelles & perſonnelles, on ne ſçauroit douter que la bonne-foi ne dirigeât les jugemens ; elle tiroit l'aveu des perſonnes que la candeur guidoit encore ; elle diſtribuoit les fonds, & les actions préparoient les déciſions : auſſi, celles qui étouffoient la mauvaiſe volonté, ramenoient-elles les coupables à la droiture, par les peines qu'elles infligeoient ; & les obligations dont elles provoquoient la réparation, étoient-elles plus rigoureuſement accomplies. On puniſſoit comme délits graves, le vol, la rapine, le dommage: ces crimes, à Rome, étoient mulctés d'une amende proportionnée à la dignité des personnes & à l'atrocité du forfait ; la flétrissure qu'elle imprimoit diminua à mesure que les supplices menacerent la vie des Citoyens, & aggraverent l'infâmie.

LXXVIII. Mixtes.

Enfin les actions mixtes, plus récentes, ont réuni ce qui peut intéresser à la fois, les fonds, les choses & les personnes : tels furent les partages des successions, le produit des terres des familles qui les cultivoient, & alors la portion la plus essencielle du patrimoine des Romains: le style de la formule exposoit briévement la prétention du partageant: *Je dis que tu dois diviser la famille, & qu'en vertu de l'inventaire, il faut me délivrer la part qui me revient : Je dis qu'il faut partager les effets com-*

*muns & qu'à ce titre, il faut que tu me remettre la moitié : Je dis qu'il faut fixer les limites de nos héritages, & qu'il faut que tu me rendes ce que tu as recueilli de mon champ.* On démêle à travers ce jargon grossier le germe de nos actions mixtes, qui embrassent encore ces trois objets; des successions, capitaux & mobiliers; partage des immeubles; héritage possédés ou réclamés; les droits & les qualités des personnages se mêlent avec les fonds qu'elles revendiquent, & cette identité décele les actions mixtes.

LXXIX. Pénales & arbitraires.

Le surplus, parmi lesquelles on rangeoit les pénales, les arbitraires, *&c.* avoit également ses formules; la Loi dictoit les peines toujours du ressort du droit étroit; le Juge régloit les actions arbitraires; l'équité seule pouvoit le guider, suivant la poſition des parties ; la ſagacité du Juge y devoit influer beaucoup. En effet, on ſent mieux qu'on ne l'exprime, combien eſt perçant le coup-d'œil du Juge, familiariſé avec la regle ; les ténébres de la chicane l'égarent rarement, le langage de la loi, qui ſemble muet, lui applanit ſa route, & l'expérience pénétrant les replis de la duplicité, il tire plus de lumiere du ſimple geſte, que l'adreſſe n'en obtient de la dépoſition la mieux circonſtanciée ; la balance que tient l'habitude de juger, eſt en quelque ſorte plus ſûre, que la doctrine des Loix ; le poids, à l'aide duquel elle peſe les intérêts des hommes, eſt ſouvent plus juſte que le texte du Légiſlateur ; il n'a pas prévu les eſpeces poſſibles, elles paſſent ſous les yeux de la prudence du Juge : ce creuſet qui les éprouve, purifie auſſi le texte, en l'interprétant; & la pénétration de l'expérience, remontant à l'eſprit de la Loi, la bonifie, & remplit par-là les fonctions importantes dont le Souverain l'a revêtue.

LXXX. Fort multipliées depuis. On conçoit que ces actions pénales, arbitraires, *&c.* ſe ſubdiviſoient à l'infini. Les Romains, Maîtres du monde, ne les ont pas épuiſées; chaque Gouvernement en a ajoutées, qui rentrent néanmoins dans les premiers cercles; preſque toutes dépendent de la procédure uſitée : on ſçait que chaque Nation a la ſienne; on oſeroit peut être avancer, que chaque Contrée, chaque Province a ſes uſages particuliers : elle eſt ſimple en certains Pays, compliquée en d'autres; cependant les formules anciennes en ſont reſtées la baſe & le fondement, quelques Publiciſtes ont rêvé que l'état de guerre étoit la position naturelle de l'homme : il y auroit plus d'extravagance à le soutenir de peuple à peuple ; mais l'intérieur de la société civile justifieroit, que leur idée ne seroit pas un paradoxe de particulier à particulier : les orages s'élevent brusquement ; il ne seroit pas facile de les conjurer ; le premier mouvement annonce le feu de la querelle, la lenteur actuelle des actions la tempere volontiers, & cette lenteur, en plusieurs conjectures, loin d'être un mal, rétablit le calme, & éteint le feu que l'étincelle allumoit.

LXXXI. Un peu différentes des actions présentes.

On a détaillé sommairement le nombre des actions & leur nécessité : on a remarqué leur rapport, avec celles qui constituent l'instruction moderne ; il convient d'expliquer leur durée, troisieme cause de leur réalité & utilité : la prescription enseivelissoit toutes les prétentions des hommes, leurs actions ne pouvoient l'éviter ; il ne s'agit que d'en envisager la fin.

LXXXII. Durée des actions

De même que l'usucapion déclaroit la propriété des biens corporels : de même, que la possession affectoit les biens incorporels : de même, l'action manifestoit la nature des uns & des autres : de même, sa durée les caractérisoit, le tems la prolongeoit ou l'anéantissoit, suivant son objet : bref, elle subissoit le sort du droit qu'elle étoit destinée à dévoiler. Le mot *droit*, rend assez imparfaitement le terme *jus*, consacré dans la langue latine, à toutes especes de prétentions ; il a si peu satisfait nos Commentateurs, qu'ils ont approprié à la langue françoise le substantif *jurisdictio*, & en ont fabriqué celui *de jurisdiction*, *Jurisprudence :* ils ont en quelque ſorte abandonné le mot *droit*, lorſqu'ils ont traité des Tribunaux ou de la Science des Loix: leur unanimité a prévalu ; ce point ſeroit-il le ſeul où l'on éprouve l'impoſſibilité de traduire les anciens idiomes, & où l'on ſoit obligé d'en adapter des expreſſions aux langues vivantes.

LXXXIII. Perpétuelles ou momentanées.

Au reſte, les actions étoient, ou perpétuelles, ou momentanées ; elles duroient autant que les Loix, d'où elles couloient ; leur terme, d'abord indéfini, éterniſoit les Procès ; l'abus ne fut pas corrigé pendant le Conſulat : la loi en vigueur, l'action ſubſiſtoit, & perſonne n'eût oſé en ſoutenir la peremption. Les Empereurs, moins ſcrupuleux & plus deſpotiques, n'attenterent pas à la Loi, mais toucherent à l'action : en la limitant, ils fixérent différentes époques, ſelon l'importance des objets qu'elle discutoit : ils prescrivirent 30 ou 40 ans aux plus longues ; elles cessoient à l'expiration ; les Princes, en les abrogeant, n'en effacerent pas le nom des Auteurs, pour y subsistuer le leur ; la tranquillité publique devoit regarder d'un œil indifférent la dénomination de l'action ; mais le salut des Citoyens étoit intéressé à ce que la Loi ne servît pas de couleur pour ressusciter de vieilles querelles, dont l'espace de 30 ou 40, soutenoit suffisamment la caducité : les Anciens pensoient avec raison, que la carriere de l'homme attentif à ses droits n'étoit pas plus étendue ; la glose le repéte en plusieurs endroits ; la vie de l'homme éclairé ne franchit guere cette periode : l'expérience le démontre ; & plus le travail opiniâtre multiplie ses connoissances profondes, plus il affoiblit les organes & abrége le cours de ses études: peu échappent aux efforts de la machine.

LXXXIV. Forme des actions.

Ainsi les actions civiles, nées des conventions perpétuelles au commencement, ne durerent ensuite que pendant 30 ou 40 années; les personnelles diminuerent de moitié, & subsisterent 10 & 20 années, soit qu'elles poursuivissent la réparation d'un délit, soit qu'elles fussent intentées pour exécuter un engagement particulier, soit enfin qu'elles ne regardassent que le mobilier. Les Empereurs eurent à s'applaudir du succès de leurs Constitutions; la Jurisprudence a respecté cette barriere, & on ne l'insulteroit pas avec succès.

LXXXV. Durées de celles émanées de l'Edit du Préteur.

Les actions dues à l'Edit du Préteur, ne survivoient pas son pouvoir annuel; leur existence éphemere n'avoit pas de solidité.

Compatibles avec les mœurs Romaines, qui ne ſupportoient que momentanément l'autorité de leurs Magiſtrats, elles ne pouvoient en excéder le période ; aucune Nation ne les a depuis adoptées, même les Républiques où les Magiſtratures ne finiſſent pas. L'année Romaine profitoit encor de ces actions paſſageres que les Succeſſeurs changeoient à l'envi ; ils auroient eu honte de copier des modeles, & de ne l'être pas : la liberté ſi chere aux Romains, éclatoit ſinguliérement dans la participation à la puiſſance, & ce dont-ils étoient curieux ne décide pas aujourd'hui le motif de la néceſſité ou de la fragilité de l'action. On en conſidere le genre & le but : la perſonnelle entre préſens, expire à la dixiéme année revolue, & entre abſens à la vingtieme : la réelle ne paſſe pas quarante ans, la jurisdiction du Magistrat, l'émule du Préteur, n'en propose point en montant au Tribunal, ni n'en diminue en descendant : leur indépendance des événemens ôte l'incertitude & rassure les inquiétudes que la révolution prompte de chaque année inspiroit autrefois. On perdoit le tems trop court, déja à apprendre la maniere de les diriger. Les formes varioient, simples ou embarrassées : la main du Préteur les arrangeoit sur un tableau, souvent peu à portée du grand nombre des Citoyens : l'usage a péri avec la République : la méthode des Césars l'a abolie, & a transmit la meilleure législation.

LXXXVI. Les douze Tables longtems observées.

On a rapporté des formules des douze Tables, qui dans un texte laconique, concentroient toute especes de demandes : elles furent plusieurs siecles le stile de l'instruction : les Préteurs ne s'en contenterent pas : ils devinrent prolixes, ſous prétexte que les conteſtations pulluloient chaque jour : il eſt vrai que le langage enigmatique des douze Tables ne convenoit pas à la dignité du peuple, qui marchoit rapidement à la conquête de l'Univers : les Sénatus-Conſultes, augmenterent la procédure : ce Sénat auguſte redouté des Nations ſubjuguées, n'auroit-il dominé que les étrangers, & les différens de ſes Citoyens en euſſent-ils été affranchis ? les Tribuns du haut de la tribune aux harangues, dicterent auſſi des Réglemens : les Empereurs entaſſerent les Conſtitutions ; plus ils en promulguerent, plus ils obſcurcirent la route des procès : ils l'avoient preſque fermée lorſque les Barbares demembrerent l'Empire Romain. L'Europe a vu longtems regner la confuſion dans la façon de procéder : on comble d'éloge la Code Fréderic, & il en mérite ſans doute; mais il rencontreroit des obſtacles, peut-être invincibles, dans une vaſte Monarchie, où la lenteur eſt quelquefois ſalutaire ; il ſemble reſſuſciter l'eſprit des douze Tables, tant eſt rapide le cours de ſa procédure : il ſurvient pourtant des bouraſques facheuſes que le tems ſeul diſſipe; & les combats par une inſtruction violente aggraveroient le mal, au lieu de le guérir. La chicane auſſi invoque le bénéfice du délai; mais ſa comparaiſon avec la chaleur du premier mouvement, l'emportera toujours ſur la vivacité de la déciſion.

LXXXVII. Mœurs & climats réglent la procédure.

Ces conſidérations fortifient la maxime avouée de la bonne légiſlation, que les mœurs & les climats doivent être conſultés : la maniere juſte de conduire toute action, est celle qui contente la Nation, & qui n'excite pas ses murmures. On se souvient que le Préteur avoit à Rome trois textes différens, & propres à la nature des contestations de sa compétence : il donnoit, il disoit, il adjugeoit : celui-ci comprenoit *l'interdictum*, dont le mot *interdit* est la version infidelle. On seroit embarassé de la suppléer par un autre terme françois. La propriété & la possession des biens engendroient la plupart des procès ; le Demandeur en propriété, usoit du verbe *petere :* le Demandeur en possession de celui d'*interdicere*, par lequel il entendoit gagner, retenir ou recouvrer la possession, avant que l'on eût introduit à Rome les actions réelles : le Préteur n'accordoit pas *l'interdictum uti possidetis* à la Partie qui l'en requeroit : sa prononciation *addico*, ou l'agréoit, ou la rejettoit; en ce ſens, elle ſuppleoit l'*interdictum*. Depuis les actions réelles, on inventa la nouvelle ſupplique : la Partie plaignante remontroit au Préteur le tort qu'il reſſentiroit, au cas que ſon Adverſaire eût la poſſeſſion; il le prioit d'interdire ou d'arrêter. Le paſſage de Quintilien le prouve, *Vous n'avez pas dû*, dit-il; *interdicere*, c'eſt-à-dire, *appliquer* l'*interdictum*, mais *petere*, c'eſt-à-dire, *vous pourvoir au petitoire, & il eſt douteux qu'on ait eu raiſon de ſuſpendre*, ou *interdicere?* La marche des Plaideurs Romains eſt celle que l'on obſerve encore. *Petere*, ſignifioit la propriété : le petitoire qui dérive de ce verbe, propre à le caractériſer; *interdicere* dévoiloit la poſſeſſion. Le trouble ou l'empêchement, termes ſynonimes, la repréſentent également; ainſi la pratique des Romains, la formule usitée parmi les Citoyens, sont exactement celles des modernes : possession, propriété se succédoient sans qu'il fût permis à Rome de les intervertir : possessoire, pétitoire se reglent aujourd'hui ; la procédure qui en derangeroit l'ordre ne seroit pas écoutée. Barnabé Brisson, Jurisconsulte François, dont la pénétration a démêlé si admirablement l'instruction des procès anciens, n'a pas oublié la racine de l'*interdictum* : son érudition satisfera le Lecteur curieux.

LXXXVIII. Source des actions pétitoire & possessoire.

Voila la double source des actions pétitoire & possessoire, opposées dans leurs formules, opposées dans leurs effets ; elles tendoient néanmoins au but que la simplicité des premiers siecles de la République n'avoit pas envisagé ; la vérification des pacts, la déposition des Temoins, la comparution

comparution devant le Juge décidoient briévement le ſort de la propriété, & terminoient le différend. La poſſeſſion, au contraire, faiſoit diverſion ; elle écartoit la demande primitive, lui ſubſtituoit la queſtion de la jouiſſance, & conſtituoit l'acteur défendeur à l'*interdictum*, que le Juge proféroit. L'action entamée au pétitoire, dormoit en quelque ſorte, tant que le poſſeſſoire occupoit les parties ; elle commençoit quand le Préteur avertiſſoit par la parole *interdictum*, qu'au lieu d'agiter la propriété, on devoit diſcuter la poſſeſſion : il couvroit la propriété d'un nuage, qu'il ne chaſſoit qu'après avoir éclairci le fait de la poſſeſſion : on l'établiſſoit reſpectivement, & les ſuffrages que l'on invoquoit, opéroient ordinairement ou la confirmation ou la reſtitution : on gagnoit la poſſeſſion à la faveur de titres, qui, combattus mutuellement, découvroient le plus apparent, auquel le Juge avoit coutume de l'assurer : la restitution a enfanté l'axiôme sage ; *le dépouillé doit être réintégré avant d'examiner à qui l'on adjugera la possession :* axiôme équitable, qui proscrit l'usurpation, & met le Juge dans l'heureuse nécessité de fermer les yeux à la séduction ; point d'audiance accordée, point de démarche écoutée, point de sollicitation hazardée, que la voie de fait ne fût réparée, & que la violence ne fût vangée. L'*interdictum* apprenoit enfin, que l'oreille du Magistrat, sensible à la plainte du possesseur, se hâtoit de l'accueillir & de l'approuver ; mais qu'il s'arrêtoit uniquement à la possession ; que l'incident réglé, la demande originaire reprenoit son cours, que les entraves de l'*interdictum* avoient levé, & que la propriété alloit fixer les regards du Juge, & réunir les ſoins des parties.

LXXXIX. Faveur du poſſeſſoire.

En étudiant attentivement les caracteres hiérogliphiques des douze Tables de la légiſlation Romaine, on eſt convaincu que l'équité a ſuggéré au défendeur l'exception du poſſeſſoire: le Romain vertueux, dans ſa conduite, devoit être droit dans ſes prétentions; il ne pouvoit appeller devant le Juge ſon Citoyen, qu'il n'eût dumoins titres fondés pour l'y traduire; d'un autre côté, les moindres adminicules diſpoſoient le Magiſtrat en faveur de la partie attaquée, & ſon intégrité ſecondoit la candeur des parties qui comparoiſſoient: rien n'inſpirant autant la droiture aux plaideurs, que celle du Juge. Comment oseroient-ils en soutenir la vue, si leurs demandes n'avoient au moins le langage de la Loi, ou son interprétation. Avec les douze Tables; il étoit difficile que l'issue ne fût pas heureuse, ou du moins que le feu de la dispute aigrît les esprits; on ne substituoit point des termes arbitraires à ceux qu'elles offroient: non seulement elles frayoient la route, mais elles marquoient les mots qu'il falloit proférer, & le style affirmatif ne permettoit aucune digression; il sembloit que le sentier étroit, dans lequel l'acteur avançoit, fût bordé de précipices; elles avoient aussi prévu les obligations principales, que la Justice pouvoit canoniser, eu égard aux meubles & aux immeubles: les Grecs ne les connurent pas; leur contrée n'offroit jamais la perspective de grandes fortunes; Rome y tendit dès ſon berceau, l'amour de la Patrie, & la puiſſance paternelle la conduiſirent à la ſuprême domination. Tandis que ſes Généraux faiſoient reſpecter ſon nom aux extrémités de la terre, ſes Magiſtrats appuyerent ſa conſtitution ſur les loix pures, que les douze Tables avoient préparées; elles les expliquerent, ſans les altérer, ajouterent aux formules ſans les changer; les ſtipulations & les actions plus étendues ne perdirent, ni de leur ſolidité, ni de leur efficacité : le Préteur au déclin de la République, ne ſe gouverna pas différemment que le Préteur ſous les Décemvirs, & ſes occupations, plus fatiguantes, n'eurent point d'autre tâche, que celle de veiller à l'exécution littérale des précieuſes maximes des douze Tables.

Auſſi le Droit civil fut-il conſ- XC. Le Préteur

Juge du Droit Civil. tamment en la main de ce Magiſtrat éclairé ; on le lui enleva au moment que les Empereurs ſongerent à bouleverſer l'ancien régime ; ils le ſupprimerent, en accompliſſant le projet de la deſtruction de la République ; il étoit alors le Juge unique des familles, il en poſſédoit la confiance & il y entretenoit le calme ; ſon Tribunal, d'abord Pédané, eut plus d'appareil dans la ſuite, & néanmoins il fut toujours le Tribunal particulier, parce que devant lui ſeul on portoit les conteſtations des particuliers au Civil.

XCI. Le Droit criminel. Le criminel ne fut pas de ſon reſſort ; on diſtinguoit le Tribunal, public & le Tribunal extraordinaire ; le Peuple aſſemblé en Comices ou en Tribus, formoit le Tribunal public ; les Préteurs environnés de Magiſtrats choiſis, compoſoient le Tribunal extraordinaire, & infligeoient certaines peines, que la Loi n'avoit pas indiquées : elles devoient être legeres, puisque la vie, la confiscation des biens, dépendoient du souffle de la Tribune aux harangues : les crimes de leze-Majesté, de péculat, d'attentat à la dignité de la République, étoient déférés par les Tribuns ; rarement le Sénat en détournoit-il le coup ; plusieurs fois ses Membres en furent les victimes, & les magnifiques Oraisons de Cicéron & de ses Rivaux d'éloquence, furent prononcées devant le Peuple en faveur d'accusés, que les Tribuns y traînoient : le Tribunal extraordinaire en entendit quelques-unes ; mais sa compétence n'allant pas à la mort, le talent rare de la parole dédaigna de souiller sa gloire, du vil détail des rixes des Citoyens.

XCII. Procédure du Tribun à l'extérieur.

Quoique le châtiment n'en fût pas rigoureux, il couvroit néanmoins le coupable d'une ſorte d'ignominie ; on. y obſervoit la procédure la plus ſcrupuleuſe ; on ne négligeoit aucune précaution propre à dévoiler la faute reprochée ; on remettoit d'abord à l'accuſateur & à l'accuſé la liſte des Juges que le Préteur aſſocioit à l'inſtruction du délit, afin que de part & d'autre on eût le tems de rejeter ceux que l'on ſuſpectoit : la récuſation étoit d'autant plus légitime, qu'on cherchoit des ſecours qui ne devoient pas effaroucher le délateur ou le coupable ; ces Magiſtrats gratuits ne pouvoient ſe communiquer leurs penſées ; & depeur que la captation ou autre manœuvre ne les ſéduiſiſſent, ils ne délibéroient pas enſemble, ils gardoient un morne ſilence dans leurs jugemens. Le Peuple convoqué, pour diſpoſer de la vie de ſon Citoyen, recevoit deux boules ſculptées des lettres C. A. *condamnation, abſolution*, & les jetoit dans les urnes, placées à l'entrée du pont qu'il traverſoit par Centuries : à ſon exemple, les Juges approchoient des baſſins munis de boules ſemblables, condamnoient, abſolvoient, & avoient la faculté de retarder, par un plus ample informé, la condamnation ou l'abſolution de l'accuſé. Le paralelle de l'ancienne procédure criminelle, avec la moderne, les identifieroit, à l'exception du cérémonial des boules : on n'a négligé aucun adminicule à charge & décharge ; il eſt conſtant que la vie de l'homme eſt aujourd'hui auſſi précieuſe à la Juſtice, que l'étoit à Rome celles du Citoyen ; que la délicateſſe du Juge promet à l'accuſé les mêmes ſûretés & les mêmes ressources: les délits publics & particuliers ont accumulé une foule de loix, dont l'impunité ou la malignité ont démontré la nécessité; elles avoient inventé & rétabli plusieurs supplices familiers aux Tirans de la Grece: on en a conservé quelques-uns. Le talion employé par les Asiatiques n'a pas été du goût des Européens: les Romains l'adopterent pendant les premiers siecles de la République; ils l'abandonnerent ensuite, la mort, le remplaça en certaines circonstances: les usages & les mœurs des Peuples ont varié: les châtimens; qui pourtant impriment infamie dans un pays, ne l'attirent pas dans un autre. Chaque Etat a frappé d'ignominie les forfaits qu'il a en horreur.

XCIII. Durée des Tribunaux à Rome.

Tels furent à Rome les Tribunaux civils & criminels: telles furent les actions que l'on y dirigeoit pendant la République,

& ſous les Empereurs ; les Conſtitutions de leurs Succeſſeurs les multiplierent en Orient & en Occident ; la Juriſprudence moderne en a beaucoup élaguées ; l'intérêt des hommes n'a point changé d'objets : Citoyens ou Sujets, ils poſſédent des biens. La nature n'a été ni obſcurcie, ni entamée, par la diſſemblance des Gouvernemens : la propriété & la poſſeſſion, le meuble & l'immeuble provoquerent toujours les mêmes actions. On ſera conſtamment occupé à diſſiper les ténebres, dont la malice s'enveloppe volontiers, pour fatiguer & troubler la tranquillité naturelle à l'homme peu avide de la fortune de ſon prochain, & à oppoſer aux paſſions le frein de la Juſtice diſtributive & de la droiture des Magiſtrats.

XCIV. Les effets des actions participent à leur durée.

Les effets des actions ſont comme elles, ou permanens, ou paſſagers, ou infaillibles, ou fragiles, ou univerſels ou ſinguliers: le but de l'obligation décide de leur ſort; plus on a dreſſé des des piéges à la droiture, plus on a multiplié les ſûretés, plus on a cherché de ſubterfuges, plus on a accumulé les précautions: la Juſtice s'eſt conſtamment occupée de ranimer la bonne-foi parmi les hommes, & de remplacer la confiance par les entraves, dont elle adoucit la rigueur. Le plus grand inconvénient a toujours été l'inſolvabilité: quoique la frugalité Romaine l'ait éprouvée, elle ne l'a connue que par l'avidité & l'inflexibilité des Créanciers: les richeſſes & le luxe, loin de la parer, l'on facilitée: les douze Tables ne l'avoient pas trop pourſuivie; les Édits des Préteurs, les Plébiſcites même, les Sénatus-Conſultes, ont eſſayé de la prévenir en enſeignant des remedes propres à tranquilliſer le Créancier, & à tempérer le déſeſpoir du débiteur : le droit public & civil en ont préféré trois : le gage ou l'hypothéque, le cautionnement ou la fidéjuſſion, l'uſure ou l'intérêt.

XCV. L'hypothéque, premier effet des actions.

L'hypothéque eſt le premier effet de l'action réelle, en vertu duquel le Créancier ſaiſit le fonds qui lui eſt obligé, afin d'aſſurer ſon payement : il l'obtenoit de trois façons, conventionnellement, judiciairement, légalement : la convention de la volonté, l'autorité du Magiſtrat, le pouvoir de la loi imprimoient ſur l'héritage le ſceau ineffaçable de la propriété ; la réciprocité de l'engagement du débiteur & du Créancier leur rendoit commun le gage conventionel : que le pact fût ſimple, ou la tradition effectuée, le meuble ou l'immeuble du débiteur reſtoient ſous la main du Créancier, tant qu'il n'étoit pas ſatisfait; de ſorte que, outre l'action perſonnelle, réſultante de la choſe abandonnée, il acquéroit l'hypothéquaire, dont le lien reſſerroit la créance. Dans le cas où la poſſeſſion ne ſe transféroit pas, & où le Créancier ne gagnoit que l'affectation, ſoit générale, ſoit ſpéciale du patrimoine du débiteur, il acquéroit l'hypothéque, proprement dite: la totalité du bien annonçoit l'hypothéque générale; le fonds ſingulier, la ſpéciale: on les cumuloit, mais nos régles ont établit qu'alors on diſcuteroit d'abord l'hypothéque ſpéciale, à moins que l'on n'inſére la clauſe, *ſans que la ſpéciale déroge à la générale*: clauſe que les contrats rappellent avec ſoin.

XCVI. Tacite. Quelquefois l'hypotheque tacite a la vigueur de l'expreſſe;

elle sort de la Loi : l'hypotheque, lien de la Loi, ne s'applique qu'aux especes prévues par elle ou par des Interpretes. Le Magistrat engage au Propriétaire les meubles du Locataire, indépendamment de ses immeubles ; aux reprises de la femme, les biens du mari ; au pupille, la fortune de son Tuteur : cette hypotheque tacite est fondée sur le bail, le contrat de mariage, la tutelle ; grace spéciale, provenante de l'équité & des bonnes mœurs ; motifs que la Loi n'a pas besoin d'alléguer : à l'égard de l'hypotheque du fisc ou du Prince, elle émane du droit public.

XCVII. Autorité du Juge pour l'hypotheque

L'autorité du Juge donnoit aussi l'être à l'hypotheque : tantôt, il la prononçoit, tantôt, il envoyoit le Créancier en possession des biens du débiteur, absent ou caché ; mise de possession insolite, en pays coutumier :

hors les cantons de Vest ou de Dévest, qui la retraçent en quelque façon en Picardie & Provinces voisines ; tantôt enfin en permettant la saisie après la condamnation, quand le titre n'est pas en forme : la saisie que l'on a conservée des usages anciens, supplée la possession, & la date de l'hypotheque remonte au jour que le débiteur est appellé en justice, c'est-à-dire, au jour de la demande ; parce que le Juge est censé avoir approuvé & confirmé la validité du titre à l'instant que son oreille a été frappée de la plainte du Créancier.

XCVIII. Bénéfice de la Loi concernant l'hypotheque.

Le pouvoir de la Loi concédoit l'hypotheque aux légataires sur les biens du Testateur. Justinien en a gratifiés les pupiles contre leurs Tuteurs : des Jurisconsultes ont confondus cette hypothéque avec la tacite. Personne ne pouvant l'invoquer, que la Loi ne l'eût accordée, leur opinion n'éclaireroit pas plusieurs especes, telles que celle où le Créancier a l'hypothéque tacite, en vertu de la présomption ou de la pratique constante, encore qu'aucune loi ne l'eût prescrite. Du reste, point d'hypotheque que le fonds hypothéqué, n'appartienne au débiteur : personne ne pouvant également attribuer d'hypotheque, sur les biens de son prochain, à moins qu'il ne lui soit déja engagé, ou qu'il ne joigne le consentement du propriétaire.

XCIX. Suite de l'hypotheque.

L'hypotheque constituée légitimement, le Créancier a la quasi-propriété de l'effet hypothéqué ; il lui est loisible, pour le payement, de s'adresser au détempteur de son gage, le faire vendre en justice, ou en poursuivre le déguerpissement, par la demande en déclaration d'hypotheque : le débiteur n'a la ressource, ni de le priver de ce droit, ni de le diminuer : c'eſt pourquoi, au cas qu'il oblige ſon bien à pluſieurs, il n'eſt pas le maître d'en diſtribuer le prix : la date de l'obligation met l'ordre entre les Créanciers, dont l'hypotheque eſt conſtante; à l'égard des chirographaires ou des porteurs de billets, ils marchent enſemble dans le cas où les immeubles épuiſés, le mobilier ſupporteroit les hypothécaires. La portion qui reſteroit à ceux-ci, de leurs créances, détermineroit la contribution avec le montant des chirographes, & tous partageroient au marc la livre. A la vérité, en certains Tribunaux, on commence l'opération par le mobilier, que l'on affecte à la maſſe des Créanciers : il y a une ſorte d'injuſtice à fruſtrer les chyrographaires de l'unique objet de leurs créances, n'ayant aucun eſpoir de profiter de la vente des immeubles, reservés aux hypothécaires, qui, après les avoir consommés, exercent leur retour sur le mobilier. Cette Jurisprudence usitée en certaines Contrées, devroit au moins fortifier les autres, qui ne l'ont pas admise, dans la maxime contraire de ne pas employer les hypothécaires après la vente des fonds dans la contribution du mobilier pour la totalité de leurs créances, mais pour la part seulement dont ils ne seroient pas remplis; puisqu'elles avoient été acquitées jusqu'à dûe concurrence par la délivrance des deniers provenans des immeubles, & que ceux des meubles regardent principalement le chirographe, & surtout les fournisseurs ordinaires, peu accoutumés à exiger des titres authentiques. L'hypothécaire dans sa route n'ayant à redouter que le privilege dont excipe le le créancier, qui juſtifie que ſon prêt a augmenté la fortune du débiteur commun, ou la conſervée, on n'eſt pas alors tenu d'attendre l'événement de la condition de l'obligation ; elle ſuſpend quelquefois l'obligation, mais la promeſſe déclare l'engagement ; cas unique, où l'hypotheque ſeroit incertaine, pourroit manifeſter que la condition dépendroit abſolument de la volonté du débiteur.

C. Formalités de la vente des biens hypothéqués.

Les formalités de la vente des biens hypothéqués ont ſouffert quelqu'altération : aujourd'hui l'on expoſe les meubles en lieux publics ; on adjuge les immeubles au dernier enchériſſeur, après des publications géminées. A Rome, le plus ancien Créancier étoit ſeul le maître de procéder à la vente : le plus ancien maintenant n'a nulle prérogative : le plus diligent l'éloigne : la voie de l'oppoſition compete à à tous : le décret interpoſé ſur l'immeuble, enléve le gage du Créancier négligent, & entraîne ordinairement la perte de ſa créance : parce que la Juſtice en vendant veille à la libération de l'acquéreur, au moyen du prix qu'elle répand au milieu des Créanciers oppoſans, n'y ayant, ſuivant nos mœurs, que l'immeuble ſujet à l'hypotheque : pratique contraire à celle des Romains, qui répétoient des mains des Citoyens les meubles achetés, comme s'ils l'euſſent été en fraude des Créanciers : la recherche n'étoit pas difficile pendant les premiers ſiecles de la République ; elle eût été impraticable même avant les Céſars.

CI.
L'hypotheque n'eſt pas une tache ineffaçable.

Néanmoins l'hypothéque n'eſt pas une tache éternelle ; pluſieurs circonſtances l'effaçent.

1°. Le payement de la dette pourſuivie & acquitée fidellement ; 2°. L'acceptation ; 3°. La novation, pourvu que le Créancier n'ait pas ſtipulé la réſerve de ſes droits ; 4°. La vente de l'héritage permiſe ou tolerée par le Créancier, qui ne formeroit pas oppoſition au décret. Cette derniere procédure, introduite en faveur des acquéreurs de bonne-foi, punit la létargie du Créancier, qui ſe repoſoit autrefois ſur l'impoſſibilité où étoit le débiteur, d'égarer ſon gage, & le ſouffler à ſon Créancier. La Normandie vit encore dans la ſécurité des Anciens ; le décret n'y purge pas les hypothéques. Il eſt pourtant vrai qu'elle procuroit les plus grands avantages à la ſociété: outre qu'elle tranquilliſoit les familles, que la ſuſtitution ne ſçauroit l'éteindre, que les biens grévés ne circulent point, & en ſont par là affranchis, elle donne une valeur réelle aux obligations; elle fortifie les ſtipulations; elle facilite le commerce des immeubles, & elle met à couvert le Créancier de la malice du débiteur, qui le priveroit, par l'aliénation clandeſtine de ſon bien, du payement de la légitime créance, en même-tems qu'elle ouvre au débiteur la libération de dettes fâcheuſes, en affectant fictivement ſes immeubles à l'acquitement éventuel de l'emprunt.

CII. Cautionnemens & fidéjuſſions.

Les cautionemens & fidéjuſſions apuyent les conventions, & ſont le ſecond effet des actions qui coulent de leurs contrats: le mot s'explique en le proférant: le fidéjuſſeur jure pour autrui, & ſon ferment eſt libre. On voit que la caution ſuppoſe un obligé principal; elle ſe liera d'avantage ſans être aſtreinte à ſomme plus forte. Peu importe que le cautionnement précede ou ſuive l'acte, qu'il en faſſe partie, ou qu'il en ſoit détaché, pourvu qu'il ne ſoit pas extorqué, & qu'il manifeſte la volonté libre du garant. Chez les Anciens, il ſe contractoit par la ſtipulation; depuis on a renoncé à cette cérémonie ; on s'engage de parole ou d'écrit : le cautionnement obſerve la forme de l'obligation principale : le débiteur contracte-t-il autentiquement ? la caution en fait autant eſt-ce écriture privée, billet ou autre engagement, qui n'appelle pas le miniſtére de l'officier ? la caution en agit de même, pourvu qu'il conſte de la créance, qu'on n'uſe envers elle de dol, ni de fraude.

CII. Le Mandateur & le fidéjuſſeur.

Le droit civil diſtinguoit le fidéjuſſeur du mandateur : celui-ci précédoit toujours : il faut convenir

convenir que l'assurance en est légere ; elle justifie seulement que la caution peut se lier avant le débiteur ; mais l'engagement n'a lieu qu'après la signature du débiteur : la différence est même étrangere à l'objet essenciel du cautionnement, qui, fondé sur la bonne-foi consolide la sûreté du Créancier ; il en réunit souvent plusieurs. Alors, il est rare qu'il n'y ajoute pas la solidité, pour se procurer le choix du plus solvable. L'Empereur Adrien en avoit excepté le cas où les fidéjusseurs le seroient également à l'instant de la signature du contrat ; il permettoit aussi à la caution attaquée de requerir que l'action fût divisée entre tous, & qu'elle fût admise à payer sa portion ; sauf, au Créancier à poursuivre les autres. Bénéfice de division qui embarquoit dans une d scussion trop épineuse & trop coûteuſe, que la ſolidité n'impétreroit pas aujourd'hui, & que les fidéjuſſeurs de la tutelle en Normandie & en Brétagne, n'auroient pas bonne grace de ſolliciter. L'indulgence d'Adrien dévoila les plus dangereux inconvéniens, & enfanta la clauſe par laquelle la caution devoit renoncer à cette voie. Le Créancier, pour éviter l'involution de procès que la multitude des garans lui auroit occaſionnés, ſtipula vis-à-vis eux, qu'ils ne diviſeront point; & vis-à-vis le débiteur, qu'il auroit la faculté de lui préférer la caution : ce que Juſtinien lui avoit interdit, en lui défendant d'attenter à la caution, qu'il n'eût dévoilé l'inſolvabilité du débiteur. La Loi de l'Empereur, appellée le *bénéfice d'ordre*, eſt tombée en déſuétude, de même que celui de diviſion & de diſcuſſion : le formulaire des Notaires eſt d'abord attentif à y pouvoir ; car il eſt peu de contrats où l'on n'inſere la rénontiation expreſſe des débiteurs & de leurs cautions. l'Azile par-là fermé abſolument à la chicane.

CIV. Recours accordé au fidéjuſſeur.

Cependant le fidéjuſſeur, qui a payé le Créancier, exerce ſon recours contre le débiteur, pour ſon indemnité, non contre les autres fidéjuſſeurs, à moins qu'ils ne l'ayent ſtipulé, ou qu'il n'ait obtenu la ſubrogation du Créancier ; de ſorte que, ſans elle, il libéreroit les cautions, & n'auroit acquité que le débiteur principal, à la priere duquel il auroit eu la complaiſance de ſe prêter, ſes cofidéjuſſeurs ne lui étant point obligés. Il y a même deux cas, où la caution n'a rien à répéter du débiteur : l'un, quand le débiteur libéré par le tems, le fidéjuſſeur l'eſt auſſi ; ou quand le fidéjuſſeur, par ſa négligence, eſt condamné, ou autrement: l'autre, quand il a entraîné le débiteur à accepter ſa garantie: à la premiere eſpece, il n'y a point eu de payement; à la ſeconde, le débiteur n'auroit pas importuné ſon garant. Malgré cela, quelque favorable que ſeroit le débiteur, qui n'auroit pas ſéduit ſa caution, celle-ci, pourſuivie, & contrainte de payer, auroit toujours ſon recours, ſoit parce qu'il auroit éteint la dette, ſoit parce qu'il exigeroit la ſubrogation du Créancier, qui ne pourroit la lui refuſer, tous deux forcés, l'un vis-à-vis l'autre, de retomber ſur le débiteur originaire. Les femmes Romaines ne s'engagerent jamais; les Sénatus-Conſultes, les Edits des Préteurs les relevoient de leurs démarches imprudentes: le pouvoir ſans bornes des maris rencontoit dans l'autorité publique, la digue néceſſaire à la foibleſſe du ſexe & de ſa ſituation. Henri IV a permis, qu'elles ſignaſſent, en certaines provinces : leur engagement en d'autres, n'eſt d'aucune utilité aux Créanciers : partout elles jouiſſent d'indemnités, qui ſauvent leurs fortunes des dangers fréquens de l'intérieur du ménage.

CV. Différence des cautionnemens.

Il ſeroit peut être ſuperflu de rappeller les eſpeces de cautionnemens, que les Juges reçoivent ou exigent en certaines circonſtances, & de certaines perſonnes. On rangeroit dans cette claſſe les uſufruitiers, les tuteurs, les fideicommiſſaires conditionels : l'éclaiciſſement apprendroit tout au plus la forme de la preſtation du ſerment ; elle n'a point de rapport à l'effet de l'obligation contractée envers les particuliers, à l'intérêt deſquels on pourvoit : précaution ſage & qui ſupplée à l'exceſſive jeuneſſe ou au vice de l'adminiſtration paſſagere, que la Juſtice doit toujours veiller.

CVI. Pluſieurs cautionnemens à la fois dans un contrat.

On remarquera qu'en toutes ſortes de contrats on peut réunir pluſieurs obligés & contractans, envers leſquels & contre leſquels l'obligation s'acquiert ſolidairement, ſelon la volonté des parties. Au reſte, de même que pluſieurs s'engagent à une dette ſolidairement ; de même pluſieurs peuvent l'acheter *in ſolidum* : de même que chacun a tellement droit entier à la choſe que ſon action eſt celle de tous : de même le payement ſoldé vis-à-vis lui, décharge le débiteur vis-à-vis les autres, & anéantit l'obligation à l'égard de tous. Suivant l'ancienne Juriſprudence, on n'accordoit au payant ni recours ni action contre ſon codébiteur, parce qu'il avoit agi pour lui & non pour ſon coobligé : la nouvelle a adouci la rigueur de ce procédé, & a fourni des tempéramens qui servent également dans les sociétés; car, autrefois les associés qui souffroient que leurs coassociés reçussent sans prévenir le débiteur, qu'ils y soient appellés, ne pouvoient plus, ni poursuivre leur débiteur ni contumacer leur associé. L'équité répare l'injure du droit strict : d'un côté, le débiteur prend la cession du créancier : de l'autre, l'associé reçoit en vertu de délibération : souvent encore l'on évite le circuit, en insérant dans le contrat, où plusieurs obligés parlent, soit qu'ils prêtent, soit qu'ils empruntent, qu'ils s'engagent, ou se feront raison les uns aux autres; desorte qu'au lieu de jouer le rôle de débiteurs ou de Créanciers, ils sont cautions mutuelles, ou de la perte ou du profit.

CVII. De l'usure ou intérêt.

L'effet des obligations le plus dangereux est l'usure, ou plutôt l'intérêt ; on ne constitue sans doute qu'en vue de l'intérêt, qu'on est autorisé de retirer de l'argent colloqué ; la route en est maintenant frayée, de maniere qu'il n'y a pas une seule action dirigée en Justice, qu'on ne l'appuye de la condamnation d'intérêts. Les Jurisconsultes Latins nommoient *usure*, le produit de l'argent ; ils feignoient que le métail engendroit de l'argent : brute alors, il avoit sa valeur dans son poids ; elle est actuellement dans la marque particuliere à chaque Souveraineté : la monnoie devenue la circulation universelle, son usage s'est identifié avec sa propriété, ne pouvant la commercer, sans la consommer en quelque sorte ; l'usure a précédé la monnoie, elle n'a pas capté les suffrages unanimes des Auteurs anciens ; quelques-uns ont pensé qu'elle devoit être proſcrite comme l'ennemie de la Nature, de la raiſon & de l'équité. La queſtion bonne à diſcuter entre les politiques, n'a pas trait au Droit civil, qui non ſeulement protége l'uſure moderne ; mais punit par elle, le débiteur négligent ou de mauvaiſe-foi : ſeroit-il juſte que la crédulité du créancier fût la victime de la ruſe du débiteur, & que celui-ci affrontât impunément la probité du prêteur ; il n'a pas recours à l'uſure, puiſqu'elle n'en porte plus le nom ; il réclame des intérêts, & cette métamorphoſe la légitime : on ne reconnoit que deux ſortes d'intérêts, le conventionnel & le judiciaire ; le premier réſulte de la promeſſe, de payer d'année en année, le revenu que l'argent doit rendre, au taux fixés par la Loi ; deux formalités produiſent l'obligation :

la création de la rente que l'on perçoit ſur les fruits de l'immeuble ; 2°. l'aliénation de l'immeuble même, juſqu'a la concurrence de la ſomme empruntée. Les deniers de la rente créé, s'appellent *arrérages*, ſoit à cauſe que la ſomme exigible eſt payable chaque quartier, chaque année, ſuivant les termes ſtipulés, ſoit à cauſe qu'elle marche de jour à autre, & que par-là elle s'accumule : les arrérages ainſi entaſſés, peuvent engendrer des intérêts, mais intérêts judiciaires ; & c'eſt la ſeconde eſpece qu'il eſt important d'expliquer, ne participant en rien de la nature des arrérages. L'intérêt judiciaire eſt donc le fruit de la condamnation, que le Juge prononce contre le débiteur, qui n'ayant pas ſatisfait au jour qu'il a promis de payer, eſt pourſuivi par le créancier : le Magiſtrat auquel s'adreſſe le prêteur, lui adjuge la ſomme principale, contenue au billet ou ſimple obligation, & y ajoute le légitime profit, qu'il auroit gagné, s'il eût aliéné, à dater néanmoins du jour que l'on a formé la demande ; parce que le chirographe n'étoit exigible qu'à cet inſtant, à moins qu'il n'y eût déconfiture dans le débiteur : alors tous ſes engagemens, de quelque eſpece qu'ils fuſſent, échéoient au moment de la faillite ; les arrerages accumulés ont le même avantage. D'un côté ; le débiteur en retard, de l'autre le créancier dédommagé de la perte du temps, profitent reſpectivement de la reſſource que la déciſion leur fournit, en laiſſant au débiteur le choix de ne plus rembourſer s'il eſt ſolvable, au moyen de l'intérêt qu'elle preſcrit, & au créancier le payement de ſa créance, en le gratifiant de l'émolument intermédiaire, dont à la vérité, la nouvelle ſomme augmentée ne lui en procureroit plus dans la ſuite, conformément à l'axiôme trivial, *on ne perçoit jamais l'intérêt des intérêts.*

CVIII. De l'intérêt conventionel. Le conventionel manifeſtoit autrefois l'uſure véritable ; le créancier maîtriſoit le débiteur, dont la poſition facheuſe aggravoit le joug. Sous ce point de vue, l'uſure odieuſe & tolérée écraſoit le débiteur : on a depuis ſupprimé l'arbitraire condamnable en tout ; l'uſure convertie en prêt ſimple, dont la redevance legere concilie les beſoins réciproques. L'intérêt judiciaire compenſant la léſion du créancier avec l'inſolvabilité préſente du débiteur, ſous cet aſpect utile, a honoré l'uſure, & lui a mérité la faveur de la Juſtice. Le Droi Romain eut peine à abatre l'uſure, & a introduire l'intérêt ; les mœurs, la Religion, la probité, même ont banni le premier de la ſociété, & y ont entretenu le ſecond : au ſurplus, la modération de l'intérêt dépend du Droit civil de chaque puiſſance.

Enfin les actions, nées des obligations, s'éteignent comme elles de trois manieres, payement de la dette, novation, acceptilation ; ſolder le Créancier, anéantir ſa qualité, pourvû qu'il touche la choſe due, & telle qu'elle eſt couchée dans la ſtipulation ; la diminuer par portions, ou préſenter autre choſe, ne le ſatisferoit pas ; ne point rendre l'effet promis ; ſubſtituer d'autres deniers, à ceux que l'on avoit reçus ou promis, transfert l'effet, ſans tranſporter la propriété : ce qui expoſeroit à l'éviction ou à la déclaration d'hypothéque ; mais il eſt indifférent, que le princi- CIX. Extention des obligations pal obligé paye, ou ſa caution, même un tiers, qui peut forcer le créancier & le débiteur d'acquieſcer au rembourſement, dès qu'il ne déteriore pas la condition du débiteur ; la ſituation des familles intéreſſées à ne pas montrer aux étrangers l'intérieur de leur fortune, provoque ſouvent cet expédient.

CX. L'imputation des payemens.

Quand le débiteur empruntant pluſieurs ſommes à ſon créancier, de dates & de clauſes différentes, qu'il paye, ſans exprimer, ni diſtinguer les contrats ou obligations, qu'il a deſſein de ſolder, on impute ſur la créance la plus dure & la plus onéreuſe, qui porte intérêt, préférablement à celle qui n'en ſtipule pas ; le débiteur étant plus à plaindre que le créancier, le premier ayant toujours devant les yeux la peur de l'inſolvabilité. D'ailleurs, l'aliénation du capital eſt ſouvent une entrave à laquelle le créancier n'eſt point fâché de ſe ſouſtraire, & elle tombe par le rembourſement.

CXI. De la novation.

La novation déclare le changement de la cauſe de la dette, tant à l'égard de l'objet qu'à l'égard de la perſonne ; 1°. à l'égard de l'objet, quand le créancier & le débiteur détruiſent l'obligation, & en forment une nouvelle ; la ſimple ſtipulation l'opéroit chez les Romains ; moins encore la conſommeroit aujourd'hui, d'après le principe de la libération toujours préſumée. Tout tend à briſer les chaînes du débiteur ; & l'apparence du conſentement du créancier, invite le Juge de les rompre. 2°. A l'égard de la perſonne, lorſque la délégation en ſubſtitue une autre, cette eſpece de métamorphoſe s'appelle ſubrogation ; on l'effectue en deux manieres : la premiere, le créancier céde & transſporte ſes droits ; le créancier parle ſeul, & la ſubrogation ne s'accomplit qu'au moment de la ſignification du transſport, qui inſtruit le débiteur de la novation de la perſonne, ou à la ſignification de l'ordonnance du Juge, qui n'écouteroit pas le refus du débiteur d'accepter le nouveau créancier : celui-ci n'ayant d'action contre celui-là, que la communication de l'acte n'eût informé juridiquement le débiteur des conditions de la novation : la ſeconde maniere de changer la perſonne, eſt par le débiteur de léguer à ſon créancier un autre obligé : le créancier acceptant, quitte ſon débiteur : on apperçoit la diſſemblance de la double novation : le créancier n'a pas beſoin du débiteur, pour abandonner ſa créance ; le débiteur recherche au contraire l'agrément du créancier pour libérer sa dette.

CXII. De l'acceptilation.

La novation ne fut pas la seule fiction, qui provoquoit la libération du débiteur ; l'acceptilation la consommoit plus promptement ; elle réalisoit le payement précédé de la promesse respective, de ne le regarder que de paroles seulement : la jurisdiction volontaire n'y participoit pas, la judiciaire y paroissoit pour recueillir l'interrogation du débiteur, & la réponse du créancier ; le débiteur interpelloit le créancier de répondre ; s'il se tenoit content & satisfait de ce qu'il lui devoit : le Créancier affirmoit, qu'il le tenoit pour reçu, & qu'il l'en quittoit. On sent que l'acceptilation envisageoit les obligations verbales ; la stipulation les innovoit quelquefois, & l'acceptilation les anéantiſſoit : la juriſprudence moderne ne l'a point conſervée, non-ſeulement les engagemens ne ſont plus de ſimples paroles, que le Magiſtrat canoniſe, mais il eſt ridicule de le rendre témoin de la feinte des deux Parties. Les Romains ſe repaiſſoient de ce mutuel interrogatoire. Le Juriſconſulte Aquilius avoit dreſſé la formule du prétendu accommodement : les Inſtituts l'ont expliquée ; elle eſt aujourd'hui employée plus fructueuſement ; elle ſert de baſe à la plupart des tranſactions particulieres.

CXIII. Des perſonnes qui peuvent innover.

Entre les perſonnes qui avoient la faculté d'innover, on plaçoit au premier rang les propriétaires des obligations ; on demandoit ſi de deux créanciers ou de deux obligés, l'un pouvoit innover, ſans le conſentement de l'autre. Cela n'eſt pas douteux à l'égard des débiteurs ; puiſqu'ils ſont libres : les circonſtances varient à l'égard des créanciers ; on le permettoit aux tuteurs, curateurs, adminiſtrateurs univerſels des biens, pourvû qu'ils n'empiraſſent pas la condition des vrais propriétaires. Les fils-de-familles n'étoient pas exceptés, par rapport aux biens dont ils avoient la libre diſpoſition : la novation doit à la vérité conſulter plus l'intérêt du créancier que du débiteur ; mais ſoulager le débiteur ſans nuire au créancier : la poſition y influe beaucoup : la Loi a menagé l'avantage réciproque, par ce commerce public de contrats & d'obligations ; il eût été dur de n'en pas uſer, quand les fonds les plus précieux circuloient librement, & que cette circulation bénéficioit les membres de la ſociété ; & comme les héritages, par la priſe de poſſeſſion, décéloient le nouveau propriétaire, la novation ſignifiée manifeſtoit le nouveau créancier.

CXIV. Qualités & poſſeſſion des Parties pour éteindre les obligations.

Pour reſoudre enfin les obligations, il ne faut ſouvent regarder que les qualités & la ſituation des Parties. Le débiteur héritier de ſon créancier, confond à l'inſtant la dette & la créance, à moins qu'il ne ſuccéde qu'en partie, & qu'il ne gagne qu'à proportion de ce qu'il demande. Le créancier héritier, éprouve le même ſort : que la choſe vendue périſſe, ou ſoit conſommée, ſans que le débiteur y ait contribué, l'obligation s'éclipſe, & le débiteur quitte, pourvu qu'on ne l'ait pas contumacé auparavant. La demeure perpetueroit alors l'obligation. On conçoit que l'eſpece ſuppoſée eſt d'un corps certain, ſujet à la diſſolution, non d'une ſomme de deniers, ou d'autres effets, qui ne s'évaporent point; les offres, la consignation ou le dépôt convenus, réalisés ès lieu & temps convenables délient le débiteur & consolident son payement; la compensation ensevelit de droit la créance & la dette; on exige uniquement que la double créance, & la double dette soient liquidées : l'axiôme le décide. Compensation a lieu de liquide à liquide; & quoiqu'il n'y ait point identité de sommes, elles diminuent à proportion, parce que la Loi a raison de le vouloir, & que l'office du Juge est d'en emprunter le langage : le dépôt n'entre jamais dans la compensation : sous ce point de vue, on ne sçauroit en refuser la restitution : il n'appartient au créancier de le suivre, que dans le cas où il y auroit acquiescée.

CXV. Exceptions qui anéantissent les obligations.

Plusieurs exceptions infirment encore les obligations; elles réſultent la plupart de la poſition des Parties : le détail meneroit loin : l'équité le dicte ſouvent ; elles fructifient dans les occaſions, où elles dévoilent le dol & la fraude , écueils, dont la juſtice écarte les plaideurs qui s'adreſſent à elle : le droit civil préſerve les hommes que la bonne-foi guide. La Loi conſtitutive des ſociétés prêche le précepte de la naturelle , d'aimer ſon prochain à l'égal de ſoi-même : toute profeſſion dans les gouvernemens, doit s'en convaincre , & peu la pratiquent : la juſtice diſtributive le perſuade ; elle eſt la lumiere des tribunaux , & volontiers elle n'eſt apperçue que d'eux , tant les paſſions élévent de nuages dans l'eſprit humain, & nourriſſent la prévention toujours aveugle , dans ſes jugemens & ſes rapports ; auſſi l'adminiſtration chez les Romains , étoit-elle confiée aux Membres du Sénat : Compagnie ſtable & permanente ; elles apprenoit aux Chefs paſſagers du Peuple à ne pas abuſer de leurs fonctions momentanées, à veiller aſſidument au ſalut de la multitude du prochain ; à protéger le Citoyen innocent, punir le coupable ; à pourſuivre le crime, récompenſer la vertu, à concilier, en tout la prudence, avec la ſévérité : image reſpectable, qui ne s'eſt pas enſevelie avec l'Empire Romain.

FIN.

De l'Imprimerie de QUILLAU 1765.

## APPROBATION.

J'AI lu par l'ordre de Monseigneur le Vice-Chancelier, *les Loix puisées chez les Grecs & dévéloppées par les Romains, &c.* & je crois que l'on peut en permettre l'impression. A Paris, ce 3 Juillet 1764.

BRUNET.

## PRIVILEGE DU ROI.

LOUIS, par la grace de Dieu, Roi de France & de Navarre : A nos amés & féaux Conseillers les Gens tenans nos Cours de Parlement, Maîtres des Requêtes ordinaires de notre Hôtel, Grand Conseil, Prevôt de Paris, Baillifs, Senéchaux, leurs Lieutenans Civils, & autres nos Justiciers qu'il appartiendra, SALUT. Notre amé le Sieur MARTIN, Nous a fait exposer qu'il desireroit faire imprimer, & donner au Public un Ouvrage qui a pour titre : *les Loix puisées chez les Grecs & dévéloppées par les Romains, &c.* s'il Nous plaisoit lui accorder nos Lettres de Privilége pour ce nécessaires. A CES CAUSES, voulant favorablement traiter l'Exposant, Nous lui avons permis & permettons par ces Présentes de faire imprimer ledit Ouvrage autant de fois que bon lui semblera, & de le faire vendre, vendre & débiter par tout notre Royaume, pendant le tems de dix années consécutives, à compter du jour de la date des Présentes. Faisons défenses à tous Imprimeurs, Libraires & autres personnes de quelque qualité & condition qu'elles soient, d'en introduire d'impression étrangere dans aucun lieu de notre obéissance : a la charge que ces Présentes seront enregistrées tout au long sur le Registre de la Communauté des Imprimeurs & Libraires de Paris, dans trois mois de la date d'icelles; que l'impression dudit Ouvrage sera faite dans notre Royaume, & non ailleurs, en bon papier & beaux caracteres, conformément à la feuille imprimée attachée pour modele sous le contre-scel des Présentes; que l'Impétrant se conformera en tout aux Réglemens de la Librairie, & notamment à celui du 10 Avril 1725; qu'avant de l'exposer en vente, le Manuscrit qui auront servi de copie à l'impression dudit Ouvrage, sera remis dans le même état où l'Approbation y aura été donnée, ès mains de notre très-cher & féal Chevalier Vice-Chevalier de France le Sieur DE MAUPEOU, & qu'il en sera ensuite remis deux Exemplaires dans notre Bibliothéque publique, un dans celle de notre Chateau du Louvre, un dans celle de notre très-cher & féal Chevalier Vice-Chancelier de France, le Sieur DE MAUPEOU: le tout à peine de nullité des Présentes : du contenu desquelles vous mandons & enjoignons de faire jouir ledit Exposant ou ses ayans-cause, pleinement & paisiblement, sans souffrir qu'il leur soit fait aucun empêchement : Voulons que la copie des Présentes, qui sera imprimée tout au long au commencement ou à la fin dudit Ouvrage, foi soit ajoutée comme à l'original. Commandons au premier notre Huissier ou Sergent sur ce requis, de faire pour l'exécution d'icelles tous Actes requis & nécessaires, sans demander autre permission, &

nonobstant clameur de Haro, Charte Normande, & Lettres à ce contraires. Car tel est notre plaisir. Donné à Compiégne le premier jour du mois d'Août, l'an de grace mil sept cent soixante & quatre, & de notre regne le quarante-neuviéme. Par le Roi en son Conseil.

LE BEGUE.

*Registré sur le Registre XIV de la Chambre Royale des Libraires & Imprimeurs de Paris, N°. 220, fol. 151, conformément aux Réglemens de 1723. qui fait défenses Art. 4, à toutes personnes de quelques qualités & conditions qu'elles soient, débiter & faire afficher aucuns Livres pour les vendre en leurs noms, soit qu'ils s'en disent les Auteurs ou autrement ; à la charge de fournir à la susdite Chambre neuf Exemplaires, prescrits par l'Art. 108, du même Réglement. A Paris, ce 1 Août 1764.*

LE BRETON, *Sindic.*

www.ingramcontent.com/pod-product-compliance
Ingram Content Group UK Ltd.
Pitfield, Milton Keynes, MK11 3LW, UK
UKHW020549180726
13838UKWH00001B/127